颶風玫瑰

來自芝加哥的籃球明星
一段不向命運低頭的籃球傳奇

管超 — 著

德瑞克‧羅斯傳

DERRICK
MARTELL R

永不凋零的風城玫瑰
NBA 史上最年輕的 MVP

· · · · · · · · · · · · · · · · · ·

冉冉升起的明日之星，一夕之間重重跌落谷底
即便遭遇重重打擊，卻從未放棄夢想

U0087419

目 錄

目錄

前言

德瑞克·羅斯（Derrick Rose）的故事遠比永不凋零精彩。

當時光列車駛向 2021 年，德瑞克·羅斯仍然繼續著自己逐夢的腳步。眉眼間的傲氣似乎隨歲月的侵蝕消散，但渾身的傲骨讓他不接受就此沉淪。於是他和教練凱西（Dwane Casey，活塞隊教練）敞開心扉，坦言雙腿已經無法承受太久的消耗，讓他去追逐季後賽的夢想吧。

於是，羅斯又一次和湯姆·錫伯杜重逢（Tom Thibodeau，尼克隊教練、曾於公牛隊和明尼蘇達灰狼隊執教羅斯）。不朽的玫瑰又一次踏上了追夢的征程，這一次他是為了生涯中為數不多的季後賽機會，他要再搏一次。

此時距離他第一次拿到 MVP 已經過去 10 年，10 年間羅斯精神層面催生的感動，遠比賽場之上帶來的震撼要多。數次大傷仍難滅他的不屈鬥志，50 分之夜感天動地都足夠催淚。籃球圈裡，「永不凋零」四個字似乎可以與德瑞克·羅斯畫上等號。

然而，他璀璨的生涯又豈是這簡簡單單的四個字能夠概括的？

他曾睥睨天下，不滿 23 歲登上 MVP 寶座，收穫極致的個人榮譽；

他曾獨步聯盟，拉桿上籃、變向突破展現 ss 天賦，無人能出其右；

他曾一身傲氣，拒絕組團獨鬥三巨頭，演繹熱血的個人英雄主義。

這些讓人熱血沸騰的畫面恍如隔日，卻又好似遙不可及。時間層面，這不過是過去了 10 年而已。但站在羅斯生涯的角度回溯，他所經歷的挫折、變故和掙扎太多太多，讓這些畫面顯得那麼遙遠。

命運從 2012 年開始，將所有的泥濘沼澤都放到了他前進的路上，他的膝蓋一次次地被傷病摧殘，他的天賦一點點地被上帝收回。他一次又一次的不屈的抗爭，換回的是一次又一次的更為沉重的打擊。上帝將他餽贈給羅斯的禮物全部收回，那一身傲骨除外。

於是，我們在接下來的時光中，看到了這樣的羅斯——他獨自扛下了從天之驕子到泯然眾人的巨大落差；他拒絕沉淪，從底薪球員再度一次次成為聯盟的焦點，依靠實力而不是情懷；他眉眼間的傲氣逐漸藏起，但一身傲骨支撐著他王者歸來。儘管他永遠不可能到達人們期望的巔峰，但頂著殘破的膝蓋塑造的後公牛生涯，已經足夠讓人血脈賁張、脫帽致敬。

這些故事遠比「永不凋零」四個字來的沉重，當旁觀者都對他生涯的大起大落和顛沛流離感嘆時，當事人羅斯承受了怎樣的落差無人知曉。他頂著這樣的落差重新打了出來，甚至打出生涯代表之夜、數次演繹大心臟絕殺、又一次成為球隊的核心。

巔峰時他一身傲氣，每個夜晚他都肆意地彰顯著自己的天賦，他是那麼璀璨、那麼奪目。

谷底時他不失傲骨，忘卻 MVP 的輝煌甘做替補、忘卻一步騰飛的天賦，硬生生地從數次大傷的摧殘之中重新振作。

即便是我們將目光離開 NBA，放眼全球體育史，頂級的運動員中，也罕有羅斯這般落差以及從谷底中爬出的傳奇經歷，這樣的羅斯豈是永不凋零可以描繪的？

這便是羅斯的魅力 ──

他的魅力在於，巔峰時他是如此傳奇，NBA 茫茫歷史中最年輕的 MVP，這是何等璀璨的榮耀和經歷；

他的魅力在於，谷底時他是如此不屈，讓人望而生畏的人生大起大落，他用雲淡風輕的幾年時光默默承受直至王者歸來。

他的魅力在於，巔峰時或者谷底時他都是羅斯。盛名之下卻能保持如水般平靜的外表和內心；起落之中他能看淡人

生悲喜，永遠做自己的超級英雄。

　　若干年後，當我們回憶起羅斯，我們理應記住，籃球層面他是如此有天賦 —— 大傷前飛天遁地無所不能，大傷後仍有出色的終結能力和敏銳的空間判斷，以及伴隨他整個生涯的天生大心臟；我們理應記住，精神層面他是如此有魅力 —— 坐看庭前花開花落，以不屈的意志書寫了一部不餒的史詩。

　　這便是德瑞克‧羅斯的故事，它遠比永不凋零精彩。

第一章　逆境成長

█ 第一節　黑暗街區

縱觀許多 NBA 本土球星的成長史，會發現充斥著未曾謀面的父親、勤勉的單身母親、暴力的街區和聊以慰藉的籃球，而對出生於芝加哥英格伍德街區的德瑞克・羅斯而言，他可謂樣樣不缺。

生於憂患

芝加哥的英格伍德是全美知名的暴力街區。在 2017 年曾有統計，芝加哥人口連續 3 年呈下降趨勢，3 年間總人口減少近 1.4 萬，其中主要是非裔居民。他們大多聚居於英格伍德、西英格伍德和奧斯丁這三大黑人區。

據芝加哥大學統計，在 2017 年之前的 15 年間，僅英格伍德就發生了 4,282 起槍擊案。在這裡，幾乎每天都能聽到槍擊聲和警笛聲，周圍人早已見怪不怪。

1988 年 10 月 4 日，羅斯就出生在這裡，由母親布蘭達（Brenda Rose）獨自撫養長大。他是家裡最小的男孩，上面還有 3 個哥哥，分別是德維恩（Dwayne，大他 16 歲）、雷吉（Reggie，大他 14 歲）和艾倫（Allan，大他 7 歲）。布蘭達在小兒子剛出生時就動了搬家的念頭，畢竟當地單親媽媽眾多，且大多放任孩子們在外面閒逛，風險極大。

布蘭達不是唯一動了搬家念頭的人。從 2000 年到 2015 年，三大區總人口流失已達 5 萬左右，搬家似乎成了當地居民脫離苦海的唯一選擇。

　　但礙於經濟窘迫，布蘭達始終沒能離開，也就此過上了提心吊膽的生活。曾經，只要聽見街頭有響動，布蘭達就會第一時間衝出房門，將孩子們拉回家。羅斯後來回憶故鄉時也說過：「每次在紅綠燈前停下來四處張望，你總會覺得有人在偷偷靠近你。為何總會發生這種事，我真心不明白。你總在擔心：今天是否是我的最後一天？」

甜蜜之家

　　據布蘭達介紹，他們一家是 1973 年搬遷到英格伍德的，起初住在獅子街 3 號，可謂家徒四壁。羅斯的二哥雷吉回憶稱，他們兄弟 4 人很早就一起行動，生為幼子的羅斯總是最受照顧。羅斯的大哥德維恩則感慨稱，成長過程中有太多負面因素，危險總是守候在家門口，而他厭倦於將自己和貧窮、失業等字眼連繫起來。

　　在英格伍德成長，羅斯的大哥和三哥也不可避免地沾染上一些不良習氣，但對於家裡最小的弟弟，哥哥們卻打定主意要讓他出淤泥而不染，永遠保持一顆童真的心。曾經，因

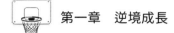

年齡幼小而不辨是非的羅斯，也想要追隨哥哥們的腳步，吵嚷著要和哥哥們一起混跡街頭。但每到此時，往日和藹可親的哥哥們卻都會立刻變換神色，一臉嚴肅地告訴年幼的羅斯：「這些不是你該做的，你要做的是去學校上學，去參加體育運動，因為體育是你唯一的出路。」

橙色的精靈

羅斯的三個哥哥都喜愛籃球，都是公牛隊的忠實球迷，天賦也都不錯，二哥雷吉還曾是籃球教練。他們也很早就將這份對籃球和公牛隊的熱愛，深深植入了幼小的羅斯的心靈中。哥哥們將羅斯帶上籃球場，且很快驚異地發現，他們的小弟弟才是全家籃球天賦最出眾的。通常他們三兄弟都需要長時間訓練才能掌握的高難度動作，羅斯卻能很快學會。對羅斯而言，籃球就好比橙色的精靈。

母親布蘭達也得知這一切，她雖然對籃球一竅不通，但做出了最明智的選擇，將羅斯交給三個哥哥來培養。此後，哥哥們就在羅斯的生活中扮演了多重角色，既是籃球啟蒙恩師，又是對他無微不至的大哥，還是可信賴的保鏢。在哥哥們的保護下，羅斯的生活簡單到無趣，學校、家裡和球場三點一線，日復一日，年復一年。

多年後，談到出生於英格伍德的自己為何能遠離麻煩，羅斯說：「也許是因為我足夠聰明吧。」說完，他笑了，因為他深切明白真正的原因是什麼。

正所謂「天將降大任於是人也，必先苦其心志，勞其筋骨，餓其體膚」。許多 NBA 球星都有相似的經歷，早年的艱難困苦如同穿在身上的破衣裳，陽光照耀也會閃閃發光。籃球是他們的避風港，是旅途中的小屋，是荒漠中的甘泉。而家人的陪伴則如同一把大傘，替他們擋住風霜雪雨。

第二節　母慈兄厲

「小荷才露尖尖角，早有蜻蜓立上頭。」隨著羅斯在芝加哥球場聲名鵲起，他也得到廣泛的關注，各路球探們蜂擁而來，想要一睹這位天才籃球少年的風采。

強硬第一步

儘管英格伍德街區在全美臭名昭彰，但回首往事，羅斯卻該感謝芝加哥各地的球場，他在那裡邁出了籃球生涯的第一步。在風之城的街球場上，所謂犯規是不存在的，規則的極度寬鬆造就了野蠻粗魯的球風。而每天充斥球場的強硬犯

規，對羅斯而言也是稀鬆平常，他也藉此打下了扎實的基礎。

　　羅斯被三個哥哥所發掘出的籃球天賦也得到充分展現。據傳，還不到 10 歲的羅斯，就能夠在一對一中讓哥哥們成為手下敗將，並讓各路球探們將一張張名片塞進自己的手中，甚至有的球探還會親自前來，叩響羅斯家的房門。

　　面對如潮的讚美還能保持清醒冷靜的頭腦，這樣的人是不同凡響的，羅斯的母親布蘭達就是這樣一位女性。在芝加哥當地，走出了不少日後在 NBA 名聲大噪的巨星，比如「微笑刺客」以賽亞‧湯瑪斯 (Isiah Thomas，小湯瑪斯)、「狼王」凱文‧賈奈特 (Kevin Garnett)、「濃眉哥」安東尼‧戴維斯 (Anthony Davis)，但也有不少曾經的天才最終泯然於眾。而讓布蘭達引以為戒的，就是芝加哥當地一位被埋沒的天才羅尼‧菲爾茨 (Ronnie Fields)。

引以為戒

　　菲爾茨何許人也？如今的球迷或許對他很陌生，但當年在芝加哥，他卻是家喻戶曉的人物。坊間流傳著許多關於菲爾茨的傳說。有人稱菲爾茨在高中時就能完成罰球線起跳扣籃，因為他的存在，文斯‧卡特 (Vince Carter) 竟一度不敢參加全美高中扣籃大賽。而且，菲爾茨的垂直彈跳達到 1.27 公

尺，不但超過了卡特（1.09 公尺），甚至還超過了喬丹（1.16 公尺）。還有人稱，菲爾茨曾在高中時和賈奈特「鬥牛」，結果賈奈特以 1：11 慘敗。

但 1996 年 2 月 26 日的一場車禍，導致菲爾茨脖子嚴重受傷，不得不戴上護具。他的籃球生涯也因此急轉直下，甚至 1998 年參加 NBA 選秀，他竟名落孫山，一度只能混跡於次級別聯賽。

當然，從菲爾茨的遭遇中，人們並不能得出「將天才籃球少年過早推向社會，會影響其籃球生涯」這樣的結論，但這也讓布蘭達深刻體會到，若想讓兒子成功兌現天賦，走向他應該到達的彼岸，需要加倍呵護。因此，不管球探們提出多麼優厚的買斷條件，都被布蘭達一一回絕。她不願羅斯脫離自己的視線，希望憑藉自己的努力，讓羅斯茁壯成長。

「絕情」兄長

羅斯的家人都為他傾注了巨大心血，配得上鮮花和掌聲的並非只有布蘭達。曾經，觀看羅斯所在的 AAU（Amateur Athletic Union，美國業餘體育聯合會，主要面向全美的年輕運動員，他們可以在這裡的球隊登記，並參加 AAU 聯賽）球隊比賽的球迷們總會發現，該隊教練對羅斯總是苛刻到不近

人情，每場比賽都會衝著羅斯大吼大叫，甚至在羅斯體能亮起紅燈時，依然讓他繼續留在場上。但每當不知情的球迷對此怨聲載道時，身邊人總會提醒他：「省省吧，那個教練是羅斯的二哥雷吉。」

雷吉後來曾打趣說：「如今德瑞克看向我的眼神還充滿著控訴，貌似我過去對他還不夠狠。曾經，德瑞克對我們的做法也有些牴觸，但當他打敗了那些比自己年長的對手時，他才明白我們的良苦用心。」

這樣的羅斯，已準備在更高的舞臺上錘鍊自己了。或許，現役 NBA 球星、羅斯在 AAU 聯賽的隊友艾瑞克·戈登（Eric Gordon, Jr.）的評價，最能代表當時人們對羅斯的評價：「德瑞克就是最具天賦的後衛，若你連他都不喜歡，我還能和你聊什麼？」

▎第三節　震驚全美

2003 年，羅斯加盟芝加哥當地的西米恩高中，籃球生涯邁上新臺階。或許正從這一刻，NBA 對他來說也變得觸手可及了。

西米恩高中是坐落於芝加哥南郊的一所名校，走出了多位 NBA 球迷耳熟能詳的球員，除羅斯外，還有尼克·安德森

（Nick Anderson，曾在 1995 年隨魔術隊打入總決賽）、賈巴里·帕克（Jabari Parker，2014 年 NBA 榜眼秀）、鮑比·西蒙斯（Bobby Simmons，2004 到 2005 賽季 NBA 進步最快球員獎得主），以及如今熱火隊球員肯德里克·納恩（Kendrick Nunn）、湖人隊球員塔倫·霍頓-塔克（Talen Horton-Tucker）等。

西米恩高中最令人扼腕嘆息的籃球天才，是暱稱為「Benji」的班·威爾遜（Ben Wilson）。他曾在 1983 到 1984 賽季率西米恩高中奪得校史首個州冠軍，並被 ESPN 評為全美最佳高三球員，球迷贈其綽號「空中魔術師」。結果，1984 年 11 月 29 日，威爾遜在一場糾紛中被槍殺，年僅 17 歲。為緬懷威爾遜，羅斯在高中選擇了 25 號球衣。

西米恩風暴

此時一個問題擺在羅斯面前。時任西米恩高中男籃總教練的鮑勃·漢布里克從未讓高一新生升入成年校隊，此次也不打算對羅斯開恩。

正所謂「今天你對我愛理不理，明天我讓你望塵莫及」。高一賽季，羅斯以場均 18.5 分，6.6 次助攻，4.7 個籃板，2.1 次抄截的表現，率隊奪得芝加哥市冠軍，單季豪取 24 勝 1 負。在強大輿論壓力下，漢布里克的態度也有些鬆動，允許

羅斯隨成年隊參加州錦標賽，卻被羅斯一口回絕。

直到漢布里克教練下課，羅伯特・史密斯（Robert Smith）上任，羅斯才終於升入校隊，而大家早已望穿秋水。羅斯的校隊首秀，球館座無虛席，擠滿了各大學的球探和教練。結果，羅斯不負眾望，砍下 22 分，7 個籃板，5 次抄截，滿座皆驚。

在高三和高四賽季，羅斯如開閘的洪水傾瀉而下，率隊蟬聯芝加哥公立聯盟冠軍，並成為首個連續奪得伊利諾伊州冠軍的芝加哥公立高中。高四賽季，羅斯場均得到 25.2 分，9.1 次助攻，8.8 個籃板，3.4 次抄截。

各項榮譽紛至沓來。他連續 3 年被《Parade》雜誌選入全美最佳陣容。2007 年他迎來大豐收，《Parade》和《今日美國》（*USA Today*）不約而同將他選入全美最佳陣容，同年他還入選麥當勞全美最佳一隊，被評為伊利諾伊州籃球先生，受邀參加喬丹品牌經典賽和耐吉籃球峰會。兩年後，《ESPN RISE》雜誌評選 10 年來最出色的高中控衛，他高居第三，僅次於克里斯・保羅（Chris Paul）和 T.J. 福特（Terrance Jerod Ford）。

鏖戰詹寧斯

羅斯高中生涯最值得銘記的比賽，自然就是 2007 年初率隊挑翻橡樹山高中了。比賽前兩週，西米恩高中剛在麥迪遜

廣場花園以 51 ： 53 不敵肯巴・沃克（Kemba Walker，現役明星控衛）領軍的萊斯高中。送走了沃克，羅斯又迎來全美高三球員排名第六、控衛排名第一的布蘭登・詹寧斯（Brandon Jennings，後來在 NBA 菜鳥賽季曾單場轟下 55 分）。

比賽開局，羅斯連續失誤，西米恩高中一度以 8 ： 15 落後。但這不過是羅斯表演的序曲。此後，他化身全能戰將，既能如穿花蝴蝶般從斜刺裡殺出，在空中對抗後扭成麻花，將球送入籃框，也能在三分線外張弓搭箭，還能送出妙到毫巔的傳球。他的爆發讓西米恩高中滿盤皆活，上半場就以 40 ： 30 反超。

下半場，羅斯越戰越勇，全場 18 中 9，拿下驚人的 28 分，8 個籃板，9 次助攻，率隊以 78 ： 75 獲勝，而詹寧斯全場 19 分全部來自下半場。終場前眼看大勢已去，詹寧斯被換下，還用球衣包住頭，痛哭失聲。這也是橡樹山高中該賽季唯一的敗仗（41 勝 1 負）。

賽後，知名選秀網站「Draft Express」直言：「羅斯和全美高三頂級控衛詹寧斯的對決有些令人失望。羅斯統治全場，詹寧斯卻一度顆粒無收。正是羅斯的神勇表現，率領身高和天賦都不占優勢的西米恩高中，擊敗了全美排名第一的橡樹山高中，羅斯富有傳奇色彩的高中生涯也由此翻開嶄新一頁。」

坊間流傳一則趣事，稱史密斯教練對愛徒讚不絕口，但也認為羅斯有些無私過頭了。為此，史密斯教練定下一條奇葩規矩：若羅斯某場比賽出手少於 10 次，全隊都要受罰，要在訓練中繞場跑圈。此規矩一出，不想挨罰的隊友們紛紛在比賽中計算羅斯的出手數，若未到 10 次，甚至會衝著羅斯大喊：「快投啊，不夠 10 次呢！」

如一列火車，羅斯的籃球生涯轟隆向前，下一站將是孟菲斯大學。

第四節　遺憾丟冠

羅斯和孟菲斯大學是一段命中注定的緣分，儘管兩者的緣分並未持續太長時間。

名師出高徒

時任孟菲斯大學總教練的是 NCAA 名帥約翰・卡利帕里（John Calipari），他是在觀看了一場羅斯的 AAU 比賽後伸出橄欖枝的。但像羅斯這樣的高中才俊，又怎能沒有其他追求者？印第安納大學和伊利諾伊大學也都發動了猛烈攻勢，後者甚至搬出羅斯在 AAU 聯賽的好友兼隊友艾瑞克・戈登。

早年間，羅斯曾和戈登相約在同一所大學效力，但少不更事時的約定豈能抵得過世事的變遷？後來，戈登選擇了印第安納大學，羅斯也不改初衷。據悉，羅斯之所以選擇孟菲斯大學，是看中該校總能將本校學生送入 NBA，同時也受到了 NBA 名人羅德‧斯特里克蘭（Rod Strickland）的點撥。如今，後者更多以「厄文教父」的身分被人銘記。

　　孟菲斯大學歡天喜地將羅斯迎進門，再搭配兩位高年級生喬伊‧多西（Joey Dorsey）和道格拉斯‧羅伯茨（Chris Douglas-Roberts），在季初便演繹了何為「行家一出手，就知有沒有」。2007 到 2008 賽季前 26 場，孟菲斯大學令人咋舌地保持全勝，25 年來首次成為全美第一，直到 2008 年 2 月以 62：66 不敵田納西大學，才結束了這段瘋狂的旅程。

　　最終，孟菲斯大學以例行賽 33 勝 1 負，奪得 C-USA 賽區冠軍的傲人表現，躋身 2008 年 NCAA 錦標賽，榮登南區一號種子。羅斯場均得到 14.9 分，4.7 次助攻，4.5 個籃板，他的榮譽簿上也記下了以下內容：入選全美最佳陣容三隊，入選鮑勃‧庫西獎（Bob Cousy Award）和約翰伍登獎（John R. Wooden Award）候選名單。

完勝奧古斯丁

　　從高中開始，羅斯就是攻守一體的球員，他如同磁石一般，引得各路好手紛紛想和他搭檔。進入孟菲斯大學，在卡利帕里教練的調教下，羅斯既是領袖、進攻發動機，同時也是外線防守大閘，而他在防守上的意圖也博得了越來越多人的讚賞。

　　很快，羅斯就在八強賽中好好秀了一把防守。該賽季，德克薩斯大學是奪冠熱門，該隊的領軍者正是凱文‧杜蘭特（Kevin Durant）的昔日隊友 D.J. 奧古斯丁（D.J. Augustin）。

羅斯　NCAA 數據

球隊 孟菲斯大學	賽季 2007 到 2008
出場	40
先發	39
場均時間	29.2
投籃命中率	47.7%
場均命中	5.2
場均出手	10.9
三分命中率	33.7%
場均三分命中	0.9
場均三分出手	2.6

球隊 孟菲斯大學	賽季 2007 到 2008
罰球命中率	71.2%
場均罰球命中	3.7
場均罰球出手	5.1
場均籃板	4.5
場均前場籃板	1.4
場均後場籃板	3.1
場均助攻	4.7
場均抄截	1.2
場均阻攻	0.4
場均失誤	2.7
場均犯規	1.7
場均得分	14.9

　　結果，這場明星後衛的對決，竟成了一年前羅斯和詹寧斯之戰的翻版。面對比自己更高更壯的羅斯，奧古斯丁完全暴露了「阿基里斯之踵」（Achilles' Heel 人或系統的致命弱點、致命傷），全場儘管得到 16 分，但 18 投僅 4 中，僅助攻3 次卻有 4 次失誤，羅斯則不費吹灰之力地拿下 21 分，9 次助攻。下半場長達 15 分 30 秒的時間內，在羅斯的防守下，奧古斯丁只有可憐的 2 分入帳，無奈地看著對手一騎絕塵。

　　賽後，談到羅斯的表現，奧古斯丁連說了三遍「掌控」：

「他掌控了籃球，他掌控了比賽，他掌控了他的球隊。」《今日美國》在談到奧古斯丁時也用了三個「沒有」：「他沒有進攻，沒有防守，沒有任何辦法。」

遺憾說再見

隨後，羅斯又取得 25 分，9 個籃板，率隊以 85：67 大勝 UCLA 隊，挺進 NCAA 決賽。UCLA 隊教練本·霍蘭德（Ben Howland）盛讚羅斯：「說實話，德瑞克真讓我想起了傑森·基德（Jason Kidd）。他有基德一樣的身體，能碾壓對手。他還有著基德式的防守，同時他的投籃還更出色。」

可惜的是，儘管羅斯在決賽中 17 投 7 中得到 17 分，6 個籃板，7 次助攻，但他錯失關鍵罰球，被堪薩斯大學隊拖入加時，以 68：75 告負，而這僅是孟菲斯大學在該賽季輸掉的第 2 場比賽，單季 38 勝則重新整理了 NCAA 紀錄。

同年，羅斯宣布參加 2008 年 NBA 選秀。雖然相處時間短暫，但卡利帕里教練談到愛徒，仍會動情地表示：「在你的生涯中，總有一些球員會讓你安靜地坐下來，無話可說，德瑞克就在重複做著這樣的事。若你問：『他到底是怎麼做到的？』我只會回答你：『坐下來，看球吧，別廢話。』」

第二章　積蓄力量

第一節　玫瑰如願入風城

作為土生土長的芝加哥人，羅斯是不習慣離開「風之城」的。兒時對於紅色公牛隊的熱愛，早已讓為家鄉球隊打球的願望化為輕風，潛入了他無數個難以成眠的夜晚。而 2008 年選秀，他充分詮釋了「夢想還是要有的，萬一實現了呢」。

家鄉球隊的召喚

在宣布參選時，羅斯說：「我在 NCAA 唯一的目標就是幫孟菲斯大學拿到冠軍，如今對於能有機會進入 NBA 打球，我也很興奮。我會努力成為最好的球員和最出色的人。」

羅斯不是 2008 年選秀大會唯一的狀元熱門，麥可·畢斯利（Michael Beasley）也是來勢洶洶。身為大一新生的他場均砍下 26.2 分，12.4 個籃板，在 NCAA 史上的大一新生中分別高居第三和第二，同時奪得該賽季 NCAA 籃板王。此外，他還當選 Big12 賽區最佳球員，入選該賽區最佳一隊和全美最佳一隊，入選奈史密斯獎（Naismith College Player of the Year award）和約翰伍登獎的候選名單。

但經過一番考慮後，公牛隊還是對羅斯發出了召喚：「回家吧。」羅斯藉此成為繼勒布朗·詹姆斯（LeBron James，詹皇）後，又一位被家鄉球隊選中的狀元。此外，他是公牛隊

史上第二位狀元，上一位是 1999 年的艾爾頓‧布蘭德 (Elton Brand)。

據悉，相比於畢斯利的得分和籃板能力，公牛隊更看重羅斯的組織能力。時任公牛隊總經理約翰‧帕克森 (John Paxson) 透露：「我們的確就此討論過很多。當我們做出決定時，是全體人員，包括球探、教練和我達成了一致。這和畢斯利的天賦無關，我們只是覺得這是適合我們的發展方向。」

畢斯利和 O.J. 梅奧 (O.J.Mayo) 分別在第二和第三順位，被邁阿密熱火隊和明尼蘇達灰狼隊選中（梅奧隨即被換到灰熊隊），前三順位中選的都是大一新生，這在 NBA 選秀史上也是頭一次。

風城奇緣

從在英格伍德街區降生，到進入西米恩高中，羅斯始終沒有離開過芝加哥，這裡的一花一草一木早已融入他的血脈，對家鄉的眷戀也在他體內隨著心臟一起躍動。僅在孟菲斯大學待了一年就迫不及待回歸，誰又能說這不是命運的安排、家鄉的呼喚呢？

聽到時任 NBA 總裁大衛‧斯特恩 (David Stern) 喊出自己的名字，羅斯站起身來，接過了公牛隊球帽戴上，並相繼和

孟菲斯大學恩師卡利帕里，以及身旁的畢斯利握手致意後，信步走上主席臺。羅斯後來承認：「我當時有些緊張，但我一直有堅定的信念，認為我就是選秀狀元。當聽到我的名字第一個被喊出時，那感覺很棒。」

公牛隊和羅斯結緣實屬不易。儘管前一季僅取得 33 勝49 負，但位列東區倒數第五、聯盟倒數第九的公牛隊，抽中狀元籤的機率其實只有 1.7%。

難怪公牛隊商務執行部門副總裁史蒂夫‧施沃德在親臨樂透抽籤現場時曾發牢騷說：「我知道會得到一頓豐盛的晚餐，但來這裡就是在浪費時間。」但發現公牛隊幸運抽中狀元籤，可以選擇羅斯時，他立刻改口：「我好似身處世界之巔，感覺超棒，這是我一生中最快樂的一天。」

▎第二節　新秀賽季追喬丹

對於所有在芝加哥成長起來的孩子而言，喬丹是令他們高山仰止的，是芝加哥籃球的圖騰，他們也都以自己的籃球生涯能和喬丹產生一點點連繫而感到榮幸萬分。對於剛在公牛隊迎來菜鳥賽季的羅斯而言，這樣的機會說來就來。

飛人陛下

　　從生涯首秀拿到 11 分率隊戰勝公鹿隊開始，到 2008 年 11 月 18 日在與湖人隊的比賽中得到 25 分為止，羅斯連續 11 場得分達雙位數，由此成為繼 1984 到 1985 賽季的喬丹後，首位在生涯前 10 場得分皆達雙位數的公牛隊新秀。

　　當然，喬丹當年將這一紀錄延長到令後人無法企及的高度。菜鳥賽季喬丹 82 場全勤，且全部得分達雙位數。事實上，喬丹直到 1986 年 3 月 22 日對陣騎士隊 13 中 4 僅得 8 分，生涯才首次得分未達兩位數，而這已是該賽季喬丹出戰的第 8 場比賽（1985 到 1986 賽季初喬丹遭遇重傷，休戰到隔年 3 月才復出）。換句話說，生涯前 89 場，喬丹竟不知道單場得分未達雙位數是何等滋味。羅斯未能比肩這一紀錄，但菜鳥賽季他出戰 81 場，單場低於 10 分的也只有 10 場。

　　其實，對喬丹的感情距崇拜還有些距離，或許這是羅斯和其他芝加哥籃球少年最大的不同。羅斯曾稱，他自認和喬丹身高有差距，因此球風也並無太多相似之處。此外，在芝加哥長大的過程中，他也並沒有在觀看喬丹的比賽上花費太多精力，畢竟那時他都是在賽場上揮灑汗水。

　　而且，受限於英格伍德街區糟糕的治安情況，年幼的羅斯在太陽下山後也被禁足，甚至從未參加過公牛隊當年曾引

得芝加哥萬人空巷的奪冠遊行。當時，在哥哥們相約出門歡
慶的時候，羅斯只能躲在自家窗戶後，瞪著好奇的眼睛，看
著街上攢動的人群。

拜訪「籃球之神」

不過，得益於和喬丹兒子傑弗里（Jeffrey Jordan）、馬庫
斯（Marcus Jordan）的交情，羅斯卻曾得到一個令其他芝加哥
籃球少年都羨慕到發狂的機會：受邀去喬丹家拜訪。儘管自
稱對喬丹「沒那麼崇拜」，但能有機會登門拜訪一位 NBA「巨
星」，羅斯仍激動到輾轉反側，徹夜難眠。隔天來到「籃球之
神」的居所，羅斯的眼前宛如開啟了一個新世界，一切都令
他感到新鮮，包括門口的 23 號標誌、車道上的限速牌，還有
那 6 輛排列得整整齊齊的賓利。

更令他大開眼界的，自然是「籃球之神」竟也過著凡人的
生活。他既看到在室內球場練球的喬丹，也看到在孩子面前化
身為慈父，甚至會親自去倒垃圾的喬丹。「我從未想過他還會
做這種事，」羅斯稱，「我非常榮幸地看到了喬丹的另一面。」

在喬丹奮鬥過的球隊，以和喬丹如出一轍的方式，去迎
接芝加哥球迷當年曾送給菜鳥喬丹的歡呼和掌聲。對於這一
切，羅斯已準備好了。

第三節　斬獲最佳新秀

身為 2008 到 2009 賽季備受關注的新秀，生涯前 10 場得分比肩喬丹，只是羅斯的一次熱身。接下來，羅斯不僅大步狂奔，率領公牛隊向著重返季後賽的目標前進，在全明星的秀場上自然也不能少了他的身影。事實證明，在衡量球星號召力的舞臺上，羅斯也是一把好手。

技巧賽封王

菜鳥賽季，羅斯就獲得了 2009 年全明星週末的邀約，只是此番並非是以全明星球員的身分。他先是在新秀挑戰賽中亮相，出任一年級隊的先發後衛。全場意興闌珊的他出戰 20 分 34 秒，5 投 1 中，罰球 2 中 2，僅得 4 分 7 次助攻了事。當年新秀賽的 MVP，由率領二年級隊以 122 ： 116 獲勝，並瘋狂掠下 46 分，7 個籃板，4 次助攻的杜蘭特獲得。

如果說新秀賽上的羅斯令人意猶未盡的話，那麼隔天的技巧挑戰賽，羅斯就向世人宣告，一位技術全面的明星後衛自此誕生。透過初賽，羅斯和當時效力籃網的德文·哈里斯（Devin Harris）攜手進入決賽。哈里斯首先出場，起初順風順水，卻在擊地傳球點浪費了兩次機會。隨後，籃框貌似也對哈里斯加了蓋子，他連試 4 次才終於命中三分。最終，哈里

斯的成績定格在 39.7 秒。

　　隨後羅斯面無表情地出場。在前兩個傳球點，他送出的傳球都如精準導引的砲彈一般正中目標。在令哈里斯折戟的三分投射點，羅斯僅用了兩次機會，就讓球乖乖鑽進籃框，勝利女神對他莞爾一笑。最後，在全場歡呼聲中，羅斯秀出一記雙手拉桿背扣，為自己的表現畫上句號。他以 35.3 秒奪得當年的技巧賽冠軍，且成為首位在技巧賽折桂的新秀。鏡頭掃到場邊的詹姆斯和克里斯·保羅，二人也為此激動不已。

初試啼聲

　　羅斯的整個菜鳥賽季，也從一開始便鋒芒畢露。

　　乘著生涯前 10 場比肩喬丹的東風，羅斯在新年到來前出戰 32 場，場均得到 17.4 分，3.7 個籃板，6.1 次助攻，命中率達到 47.4%，將新賽季前兩個月的東區月最佳新秀悉數包攬。在 2009 年初兩個月略有下滑後，羅斯在 3 月重新開足馬力，單月出戰 15 場，場均得到 16.9 分，5.1 個籃板，5.9 次助攻，命中率 46.9%，率公牛隊取得 8 勝 7 負，再次在 3 月東區月最佳新秀的評選中獨占鰲頭。

　　最終，憑藉最後階段 12 勝 4 負的狂飆，公牛隊單季取得 41 勝 41 負，時隔一年後再次闖入季後賽，比前一個賽季多

了 8 個勝場。賽季末論功行賞，羅斯也毫無懸念地斬獲最佳新秀。在當年的最佳新秀評選中，羅斯獲得了總計 120 張第一選票中的 111 張，總得分達到 574 分，遙遙領先排名第二的梅奧（5 張第一選票，總得分 246 分），並入選最佳新秀第一陣容。

此外，羅斯也繼 1985 年的喬丹和 2000 年的布蘭德之後，成為第三位斬獲最佳新秀獎的公牛隊球員。同時，他也是繼 2003-2004 賽季的詹姆斯後，成為首位當選最佳新秀的選秀狀元。在該賽季的公牛隊中，羅斯場均出場時間（37 分鐘）、得分（16.8 分）和助攻（6.3 次）分別位居全隊第二、第三和第一。而在該賽季新秀得分榜上，羅斯只位居梅奧之後，高居第二。

2008-2009 賽季熱門新秀球員場均數據對比

	羅斯	梅奧	畢斯利	威斯布魯克（Russell Westbrook）	艾瑞克·戈登	洛夫（Kevin Love）	布魯克·羅培茲（Brook Lopez）	D.J. 奧古斯丁	馬里奧·錢莫斯（Mario Chalmers）
出場	81	82	81	82	78	81	82	72	82
先發	80	82	19	65	65	37	75	12	82
場均時間	37.0	38.0	24.8	32.5	34.3	25.3	30.5	26.5	32.0

	羅斯	梅奧	畢斯利	威斯布魯克（Russell Westbrook）	艾瑞克·戈登	洛夫（Kevin Love）	布魯克·羅培茲（Brook Lopez）	D.J. 奧古斯丁	馬里奧·錢莫斯（Mario Chalmers）
投籃命中率	47.5%	43.8%	47.2%	39.8%	45.6%	45.9%	53.1%	43.0%	42.0%
場均命中	7.1	6.9	5.6	5.3	5.3	3.9	5.5	3.7	3.4
場均出手	14.9	15.6	11.8	13.4	11.6	8.5	10.3	8.6	8.1
三分命中率	22.2%	38.4%	40.7%	27.1%	38.9%	10.5%	0.0%	43.9%	36.7%
場均三分命中	0.2	1.8	0.4	0.4	1.7	0.0	0	1.5	1.4
場均三分出手	0.9	4.6	1.0	1.6	4.3	0.2	0	3.4	3.8

	羅斯	梅奧	畢斯利	威斯布魯克（Russell Westbrook）	艾瑞克·戈登	洛夫（Kevin Love）	布魯克·羅培茲（Brook Lopez）	D.J.奧古斯丁	馬里奧·錢莫斯（Mario Chalmers）
罰球命中率	78.8%	87.9%	77.2%	81.5%	85.4%	78.9%	79.3%	89.3%	76.7%
場均籃板	3.9	3.8	5.4	4.9	2.6	9.1	8.1	1.8	2.8
場均前場籃板	1.2	0.7	1.4	2.2	0.6	3.4	2.7	0.2	0.5
場均助攻	6.3	3.2	1.0	5.3	2.8	1.0	1.0	3.5	4.9
場均抄截	0.8	1.1	0.5	1.3	1.0	0.4	0.5	0.6	2.0
場均阻攻	0.2	0.2	0.5	0.2	0.4	0.6	1.8	0.0	0.1
場均失誤	2.5	2.8	1.5	3.3	2.1	1.5	1.8	1.7	2.0

	羅斯	梅奧	畢斯利	威斯布魯克（Russell Westbrook）	艾瑞克·戈登	洛夫（Kevin Love）	布魯克·羅培茲（Brook Lopez）	D.J. 奧古斯丁	馬里奧·錢莫斯（Mario Chalmers）
場均犯規	1.5	2.5	2.3	2.3	2.2	2.5	3.1	1.9	2.9
場均得分	16.8	18.5	13.9	15.3	16.1	11.1	13.0	11.8	10.0

季後賽回來了

在已經有些淡漠的記憶中搜尋，菜鳥羅斯的一幕幕精彩也重新在我們的腦海中「活了」過來。

生涯第 3 戰，羅斯就迎來了和 2008 屆探花梅奧的首次對決，結果羅斯證明了他並非浪得虛名。全場，羅斯出戰 37 分鐘，20 投 11 中，罰球 4 中 4，得到 26 分，6 個籃板，3 次助攻，力壓梅奧的 16 分 4 個籃板（出戰 43 分鐘，15 中 7），公牛隊也以 96：86 在主場凱旋。這是羅斯生涯首次單場得分 20+。

2008 年 11 月 11 日，公牛隊不敵老鷹隊，羅斯卻在該場比賽 17 投 9 中，拿下生涯首個雙十（26 分 10 個籃板）。生涯前 11 場連續得分雙位數的紀錄作古後，羅斯捲土重來，再次

打出了連續 11 場相同的比賽，其間有 4 場得分 20+。2008 年底，羅斯貌似陷入惡性循環，他 19 投 12 中拿下賽季最高的 27 分，公牛隊卻仍拿「苦主」老鷹隊沒轍。籃網隊在兩天後成為羅斯的發洩對象，該場比賽羅斯 15 中 9 下 21 分之餘，還送出創賽季紀錄的 13 次助攻，率隊以 100：87 攻陷紐澤西。

公鹿隊是羅斯菜鳥賽季最喜歡的對手之一。4 次交手，羅斯率隊 3 勝 1 負。2009 年 3 月 6 日的這次交鋒，羅斯出戰 41 分鐘，18 投 10 中，罰球 7 中 7，拿下平賽季紀錄的 27 分，還送出 6 次助攻，以 117：102 迫使公鹿隊再次簽訂城下之盟。

例行賽後期階段，羅斯更是讓人們領略到一位高效得分手的風采，同時也將領袖的擔當展現得淋漓盡致，即便此時的他仍是一名菜鳥。最後 13 場，羅斯有 10 場命中率超過五成。2009 年 3 月 18 日客戰擁有「初版三少」（杜蘭特、威斯布魯克和傑夫·格林（Jeffrey Green））的雷霆隊，籃框在羅斯的眼中宛若大海，他出戰 41 分 25 秒，14 次出手命中 12 球，85.7% 的命中率重新整理個人賽季紀錄。

最後 3 場，公牛隊火力全開向著 50% 勝率和季後賽挺進，羅斯也子彈上膛，連續 3 場以不低於 50% 的命中率打出得分 20+ 的表現，終將季後賽帶回風之城。

沉默的領袖

對羅斯這樣的「寶貝」，公牛隊高層自然是「含在嘴裡怕化了，捧在手裡怕摔了」。從選中他的第一天起，公牛隊高層就時刻提醒自己，不要讓羅斯背負太高的期待。他們深知，在場上五個位置中，控衛成才最不易，相較於畢斯利這樣擅長得分的前鋒，羅斯這樣的控衛往往需要更長時間，才能摸索出在 NBA 賽場的生存之道。

但羅斯卻謝絕了公牛隊的這番好意。賽季頭一個月，公牛隊教練文尼·德爾尼格羅（Vinny Del Negro）就將進攻的主導權交到羅斯手中，而他在隊內的地位也逐步上升，同時也博得了各界好評。尼格羅教練就曾這樣形容羅斯：「他舉止得體，這展現了他的品性，他吸收新知識也相當快。」

喬丹的恩師、公牛隊前教練道格·柯林斯（Doug Collins）就稱，羅斯的成熟給他留下了深刻印象。「令我印象深刻的還有公牛隊對羅斯的信任，『把球給你，去率領你的球隊前進吧。』」柯林斯說。公牛隊老將林賽·亨特（Lindsey Hunter）也給予羅斯很高評價：「他有著和勒布朗相似的氣質，這讓他生來就是領袖，隨著所參加比賽水準的提升，他的領袖才華也得到越來越多的展現。」當時效力老鷹的老將後衛麥克·畢比（Mike Bibby）也說：「公牛隊就是將球隊交到德瑞克手中，讓他帶著全隊前行。」

但羅斯和外界的追捧之間，卻好似總是隔著一堵厚厚的牆。大多數情況下，羅斯都會躲起來回看自己的比賽錄影，為了不受干擾還將錄影調成靜音。從 2009 年 2 月起，他也不再收看 ESPN 的集錦節目。對此，羅斯解釋說，早在 2008 年 2 月孟菲斯大學以 62 : 66 不敵田納西大學，遭遇該賽季例行賽唯一敗仗後，他就開始這麼做，他不希望自己因外界的吹捧而變得飄飄然。

曾在 2008 到 2009 賽季和羅斯短暫合作過的德魯・古登（Drew Gooden），也認為羅斯是一位信奉「行動勝於言語」原則的領袖。「德瑞克一直都是一位沉默的領袖，」古登說，「我曾看過他多場高中比賽，他幾乎一句話都不說，只是以身作則，而他的表現也無須太多言語。但如果球隊需要他站出來說話，他也會義不容辭。」

例行賽好似拉鋸戰，羅斯挺過去了；全明星賽宛如表演賽，羅斯贏得滿堂彩；而在堪稱生死戰的季後賽，羅斯又會怎樣呢？

第四節　酣戰綠軍造神蹟

若將羅斯的菜鳥賽季比作一齣戲，那麼例行賽是鋪墊，全明星賽是氣氛渲染，季後賽則是高潮。在例行賽中，羅斯

收穫了最佳新秀，3 次斬獲東區月最佳，還將全明星技巧賽冠軍獎盃捧回家，但這一切在他當年的季後賽經歷面前卻都相形見絀了。因為，就在當年首輪，羅斯親身經歷了「史上最偉大系列賽」。

熟悉的敵人

在 2009 年之前，季後賽遭遇波士頓塞爾提克隊，對公牛隊就意味著失利。雙方 3 次相遇，公牛隊 3 次被橫掃出局。當然，紅綠大戰不乏經典。就在羅斯率公牛隊再次勇敢地向波士頓塞爾提克隊發起挑戰的 23 年前，1986 年首輪，喬丹正是在對陣波士頓塞爾提克隊的首輪 G2 砍下 63 分，令賴瑞・伯德（Larry Bird）在賽後說出那句名言：「今晚，上帝披上了23 號球衣。」

身為公牛隊球員，要想揚名立萬，就要在季後賽首輪和波士頓塞爾提克隊比拚。喬丹能做的，羅斯準備再來一遍。

當然，2008-2009 賽季這輪系列賽之所以成為經典，和凱文・賈奈特的傷病密不可分。2007 年休賽期，賈奈特緊隨雷・艾倫（Ray Allen）的腳步加盟波士頓塞爾提克隊，攜手保羅・皮爾斯（Paul Pierce），組成了名聞遐邇的三巨頭。三位對總冠軍極度渴望的老將，終於在總決賽 4：2 戰勝宿敵湖人隊，

為波士頓塞爾提克隊捧回了闊別 22 年的總冠軍。賈奈特也當選最佳防守球員，填補了波士頓塞爾提克隊浩瀚隊史的一項空白。

但 2009 年 3 月底，波士頓塞爾提克隊衛冕的希望瞬間化為烏有，賈奈特扭傷右膝，賽季報銷，波士頓球迷無不倒吸一口涼氣。三巨頭缺失關鍵一環，等於提前宣告 2009 年爭冠軍賽中注定會缺少綠衫軍的身影。儘管該賽季波士頓塞爾提克隊仍以 62 勝 20 負奪得東區第二，僅次於 66 勝 16 負的騎士隊，但這樣一支殘陣的波士頓塞爾提克隊，在年輕的公牛隊面前不再高高在上，也為 2009 年首輪的 7 場鏖戰埋下了伏筆。

驚豔首秀

G1 兩隊就陷入苦戰。第四節還剩 9 秒時，羅斯造成拉簡‧隆多（Rajon Rondo）犯規，曾在一年前 NCAA 決賽第四節最後時刻錯失關鍵罰球，致使孟菲斯大學在延長賽功敗垂成的羅斯，此番沒有再手軟，穩穩地 2 罰得手，率公牛隊以 97：96 領先。

但波士頓塞爾提克隊並不打算讓比賽就此畫上句號。隨後，皮爾斯造成喬金‧諾亞（Joakim Noah）犯規，竟有了靠

罰球反敗為勝的機會。然而，命中第一罰的皮爾斯，卻鬼使神差地投丟第二罰。隨著布拉德‧米勒（Brad Miller）三分彈框而出，雙方被拖入加時。在延長賽中，羅斯不再有得分進帳，卻送出 2 記關鍵助攻。終場前 10 秒，羅斯 6 犯離場，但在雷‧艾倫罕見失手後，公牛隊以 105 : 103 驚險獲勝。

　　和 23 年前的喬丹如出一轍，拚到彈盡糧絕的羅斯憑此一戰讓生涯得以昇華。全場，羅斯出戰 49 分 33 秒，19 投 12中，12 罰無一失手，轟下 36 分，11 次助攻，4 個籃板，追平了由「天勾」賈霸（Kareem Abdul-Jabbar）所保持的 NBA 球員季後賽首秀得分紀錄。

　　1970 年，在對陣 76 人隊的系列賽首戰，即將迎來 23 歲生日的賈霸（當時他還名叫盧 - 阿爾辛多（Ferdinand Lewis Alcindor, Jr.））出戰 39 分鐘，25 投 13 中，罰球 13 中 10，砍下 36 分，20 個籃板，4 次助攻，率公鹿隊以 125 : 118 力克對手，為最終以 4 : 1 淘汰 76 人隊開了個好頭。

　　當然，僅此一項紀錄不足以全面突顯該場羅斯的神勇。他還成為自 2008 年的保羅後首位在生涯季後賽首秀中得到至少 35 分，同時送出至少 10 次助攻的球員。此外，羅斯的 36分也是自喬丹於 1998 年退役後，公牛隊球員在單場季後賽創下的最高得分紀錄。最關鍵的是，2009 年首輪 G1 的勝利，也是公牛隊史對波士頓塞爾提克隊所取得的首場季後賽勝利。

平分秋色

　　經過首戰渲染，2009 年首輪公牛隊對陣波士頓塞爾提克隊的系列賽，逐步向著「史上最偉大系列賽」邁進。G2 繼續在波士頓進行，該場羅斯表現有所回落，出戰 34 分 25 秒，11 投 5 中，僅得 10 分，6 個籃板，7 次助攻，2 次阻攻。班‧戈登（Ben Gordon）挑起了公牛隊的進攻重擔，全場 24 投 14 中，瘋狂掠下 42 分。

　　本場第四節還剩 4 分 18 秒結束時，羅斯奮力完成二次進攻，但這也是他本場最後一次得分。隨後戈登開始表演，他包攬了公牛隊最後 12 分，連續 5 次出手且彈無虛發，但波士頓塞爾提克隊多點開花，「大寶貝」格倫‧戴維斯（Glen Davis）、隆多和艾倫對戈登形成「圍剿」之勢。在艾倫連續 2 記三分氣貫長虹後，波士頓塞爾提克隊以 118：115 捍衛主場。

　　回到風之城，公牛隊卻未能藉主場之利再下一城，以 86：107 大敗。此役，羅斯仍不見起色，出戰 32 分 39 秒，14 投 4 中，罰球 3 中 1，僅得 9 分 3 個籃板 2 次助攻，卻出現 7 次失誤，正負值更是糟糕的 -32。戈登該場 13 中 5，僅得 15 分，公牛隊全隊命中率竟跌至 37.5%。

　　但一切才剛剛開始。G4，背水一戰的公牛隊觸底反彈。

第四節還剩 52 秒結束時，羅斯 2 罰全中，率隊以 93：91 領先，但艾倫的三分將比賽拖入加時賽。第一個加時還剩 4.5 秒結束時，戈登飆中三分，隆多絕殺失手，第二個加時不請自來。最終，憑藉約翰‧薩爾蒙斯（John Salmons）連續 4 罰不落空，還送給皮爾斯一記火鍋，公牛隊以 121：118 獲勝，將總比分扳成 2：2 平。

儘管在兩個加時中顆粒無收，但羅斯全場出戰 48 分 44 秒，17 投 10 中，罰球 4 中 3，砍下「準大三元」（23 分，11 個籃板，9 次助攻），前兩場的陰霾就此一掃而空。

憤怒的公牛隊

系列賽進行至此，若哪場不戰至加時，貌似都對不起觀眾。天王山之戰移師波士頓，羅斯出場 45 分 14 秒，16 投 7 中，全能身手再現（14 分，8 個籃板，6 次助攻，3 次抄截），然而第四節一度領先達兩位數的公牛隊卻暴露出年輕球隊的通病，被老辣的波士頓塞爾提克隊迎頭趕上。雙方再度進入加時，在米勒錯失 2 記關鍵罰球後，波士頓塞爾提克隊以 106：104 拿下賽點。

退無可退，公牛隊終於猛醒，一滴鮮紅的血液也從牛角滴落。G6 成為該輪系列賽的縮影，也是最令人難忘的一場。

雙方足足鏖戰 3 個延長，令球迷的情緒達到沸點。全場羅斯手感上揚，他出戰 59 分 26 秒，25 投 12 中，罰球 6 中 4，得到 28 分，8 個籃板，7 次助攻。公牛隊三人得分 20+，讓艾倫的 51 分之夜遺憾收場。

該場羅斯還令人心跳加速。第三個延長中，羅斯先是跳投開啟局面，又在科克‧辛里奇（Kirk Hinrich）投籃未果後拚下進攻籃板，完成二次進攻，公牛隊自此沒再落後過。但終場前 3 秒，羅斯又在罰球線上迷失。他兩罰皆失，險成罪人。但他立刻將功贖罪，沒有被隆多假動作的把戲所騙過，而是劈頭蓋臉一記火鍋，扇飛隆多的絕命三分，率隊懸崖勒馬。

最偉大系列賽

然而，前 6 場的精彩紛呈卻未換來一個酣暢淋漓的結尾。波士頓塞爾提克隊憑藉第二節淨勝 18 分，有驚無險地以 109：99 拿下搶七戰，晉級次輪。該場羅斯出戰 43 分 26 秒，18 投 9 中，得到 18 分，4 個籃板，3 次助攻，終究還是差了一口氣。

鏖戰 7 場，7 個加時，4 場透過延長賽分勝負，5 場分差在 3 分以內，正如球迷所打趣的：「只能有一個勝者，是對

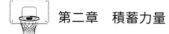
這樣一輪系列賽的褻瀆。」

　　在 2009 年首輪，羅斯場均出戰 44.7 分鐘，得到 19.7 分 6.3 個籃板 6.4 次助攻，命中率達到 49.2%，還締造了首秀 36 分追平前輩的神蹟，對一名菜鳥而言可謂無憾了。羅斯繼承了喬丹，又比當年的喬丹走得更遠，真可謂「桐花萬里丹山路，雛鳳清於老鳳聲。」

羅斯　新秀賽季創造的紀錄

1. 公牛隊史第二位選秀狀元，繼 2003 年的詹姆斯後，又一位被家鄉球隊選中的狀元；

2. 成為繼 1984 到 1985 賽季的喬丹後，首位生涯前 10 場皆得分雙位數的公牛隊新秀；

3. 在 2009 年全明星技巧挑戰賽，成為 NBA 史上首位在技巧賽奪冠的新秀；

4. 成為繼 1985 年的喬丹和 2000 年的布蘭德之後，第三位當選最佳新秀的公牛隊球員；

5. 成為繼 2003 到 2004 賽季的詹姆斯後，首位當選最佳新秀的狀元；

6. 首輪 G1 得到 36 分，追平由「天勾」賈霸所保持的 NBA 球員季後賽首秀得分紀錄；

7. 36 分也是自喬丹於 1998 年退役後，公牛隊球員在單場季後賽的最高分；

8. 成為自 2008 年的保羅後，首位生涯季後賽首秀得到至少 35 分，同時送出至少 10 次助攻的球員；
9. 率公牛隊在 2009 年首輪 G1 獲勝，取得公牛隊史對波士頓塞爾提克隊所取得的首場季後賽勝利。

羅斯　2008-2009 賽季季後賽首輪詳細數據

場次	1	2	3	4	5	6	7
比分	公牛隊 105：103 波士頓塞爾提克隊	公牛隊 115：118 波士頓塞爾提克隊	波士頓塞爾提克隊 107：86 公牛隊	波士頓塞爾提克隊 118：121 公牛隊	公牛隊 104：106 波士頓塞爾提克隊	波士頓塞爾提克隊 127：128 公牛隊	公牛隊 99：109 波士頓塞爾提克隊
時間	50	34	33	32.5	34.3	25.3	30.5
投籃命中率	63.2%	45.5%	28.6%	58.8%	43.8%	48.0%	50.0%
命中	12	5	4	10	7	12	9
出手	19	11	14	17	16	25	18
三分命中率	0.0%	0.0%	0.0%	0.0%	0.0%	0.0%	0.0%
三分命中	0	0	0	0	0	0	0
三分出手	1	0	1	0	1	0	1
罰球命中率	100.0%	0.0%	33.3%	75.0%	0.0%	66.7%	0.0%
罰球命中	12	0	1	3	0	4	0

場次	1	2	3	4	5	6	7
罰球出手	12	0	3	4	0	6	0
籃板	4	6	3	11	8	8	4
前場籃板	1	2	2	1	4	1	1
助攻	11	7	2	9	6	7	3
抄截	1	0	0				
阻攻	0	2	0	0	1	1	1
失誤	5	2	7	7	6	5	3
犯規	6	2	1	4	5	3	4
得分	36	10	9	23	14	28	18

第三章　蓄勢待發

▌第一節　拒絕新秀牆

在 NBA 素來有一種說法，即生涯第二季才是新秀的「試煉場」，多數新秀會在第二季撞上「新秀牆」。因此，當羅斯打出精彩的菜鳥賽季後，不少人內心深處泛起了同樣的懷疑。但還沒說出口，看到羅斯在生涯第二季的表現，他們的話就被生生嚥了回去。

擊碎「新秀牆」

不過，在 2009 到 2010 賽季初期，人們的擔心不無道理。正所謂「英雄也怕病來磨」，羅斯在首場季前賽就腳踝受傷。公牛隊不敢怠慢，對羅斯亮起了紅燈，他也缺席了接下來的季前賽。揭幕戰打響，球迷們懸著的心終於放下，羅斯生龍活虎地出現在賽場上。但公牛隊出於謹慎，仍限制了他的出場時間，忽隱忽現的腳踝傷也拖延了羅斯在 2009 到 2010 賽季初的腳步。

從揭幕戰到 11 月末，和傷病不懈做著鬥爭的羅斯出戰 15 場，場均得到 15.6 分，3 個籃板，5.2 次助攻，命中率 46.3%，比起菜鳥賽季有所滑落。但時間是最好的良藥，就當大家以為羅斯也將撞上「新秀牆」之際，他卻逐漸走出傷病的陰霾，拿出了久違的表現。

到了 12 月，羅斯出戰 15 場，場均已可得到 20.4 分，3.8
個籃板，6.1 次助攻，命中率 45%。到了隔年 1 月，羅斯再上
一層樓，單月出戰 15 場，他場均拿下 23.1 分，4.4 個籃板，
6.4 次助攻，命中率高達 50.5%，並率公牛隊取得 10 勝 5 負。

2009 年 12 月 19 日戰勝老鷹隊，成為羅斯本季值得銘記
的一場比賽。該場他出戰 42 分 44 秒，24 投 14 中，罰球 6
中 4，得到創生涯新高的 32 分，也是他生涯首次單場得分跨
過 30 分門檻。本場雙方戰至加時，和當年季後賽不同，羅斯
此次不再隱身，他連投帶罰獨得公牛隊延長賽 9 分中的 6 分，
率隊從曾經的「苦主」身上跨了過去。

從 2010 年 1 月 15 日戰勝華盛頓巫師隊，到 27 日戰勝
雷霆隊，短短 13 天之內，羅斯 7 場比賽有 6 場得分 20+，
包括連續 5 場得分 20+，還有兩場得分上 30。對陣華盛頓
巫師隊的比賽，雙方鏖戰雙加時，羅斯出場 50 分 15 秒，33
投 16 中轟下 37 分，再次重新整理生涯單場得分紀錄，終以
121：119 令華盛頓巫師隊授首。

首入全明星

如此表現，也讓 NBA 各界無法再裝作視而不見。2010
年 1 月 28 日，羅斯被選入當年東區全明星替補陣容，他由此

成為繼 1998 年的喬丹之後，首位入選全明星的公牛隊球員。在當年的全明星投票中，羅斯獲得 57.1911 萬張選票，位列東區後衛第五，僅次於韋德（Dwyane Wade）、艾弗森（Allen Iverson）、卡特和雷‧艾倫。而羅斯的生涯軌跡也像極了科比‧布萊恩（Kobe Bryant），後者同樣是在生涯第二季首次入選全明星。

2010 年 2 月 14 日情人節當天，羅斯和籃球的「愛情」也結出了豐碩的果實。在當天進行的全明星正賽中，羅斯出戰 15 分 25 秒，8 投 4 中，得到 8 分，4 次助攻，3 次抄截。當年的全明星賽 MVP 則歸屬了率東區明星隊以 141 ： 139 獲勝，並拿下 28 分，11 次助攻，5 次抄截的韋德。

不過，當年踏上全明星賽場，羅斯也擁有屬於自己的榮耀。當天 21 歲 133 天的他，重新整理了喬丹在 1985 年締造的紀錄（21 歲 359 天），成為公牛隊史最年輕的全明星。

「第一次得到全明星的徵召，著實令我震驚，」羅斯說，「今天一早開始我就不斷聽到相關訊息，大家紛紛打電話給我。但直到你最終確認這一訊息，都會覺得難以置信。我從未這麼震驚過。我還要感謝那些將我選入全明星的東區球隊教練們，能代表我的家鄉球隊參加全明星賽，這是一種榮耀。籃球是一項團隊運動，若無隊友的支持，我是絕對不可能做到的。」

興奮的羅斯好似一個考試拿滿分的小學生，還第一時間將這一好消息告訴了母親布蘭達。而更令他興奮的還在後頭，在接受 ESPN 記者梅麗莎‧伊薩克森採訪時，喬丹也對公牛隊後輩給予好評：「德瑞克是一名非常特殊的球員，是代表芝加哥的合適人選，我要向他和公牛隊表達我的祝賀。」

　　或許，「生涯第二季新秀牆」並非不存在，但真正的球星總能伸伸腿跨過去。偉大如喬丹也是在生涯第二季遭遇重傷，但鳳凰涅槃後，他也正是在這一季封神，締造季後賽單場 63 分的神蹟。無獨有偶，羅斯也在生涯第二季克服季初的傷病，交出場均 20.8 分，3.8 個籃板，6 次助攻的成績單，還首次入選全明星替補陣容。正如那句流傳頗廣的話所說的：「那些無法擊敗我的，終將使我更強大。」

第二節　酣戰詹姆斯

　　2009 到 2010 賽季首次入選全明星，對羅斯而言是一種激勵。全明星週末後，羅斯開足馬力，再次重新整理生涯單場得分紀錄，並連續第二年將公牛隊帶入季後賽。但在首輪，面對當年的手下敗將騎士隊，公牛隊卻停下了前進的腳步。詹姆斯也成為羅斯生涯早期不得不面對的勁敵。

踏平三巨頭

2010 年全明星週末後，羅斯重灌上路，更多了份自信和從容。但在 2 月底到 3 月中旬，本該是春意盎然之時，一次遲來的「倒春寒」卻突襲了芝加哥。埋頭向季後賽狂奔的公牛隊遭遇了一波 10 連敗，羅斯也不幸受傷，連續缺席 4 場。

但和季初一樣，傷病打不垮羅斯。3 月 20 日，羅斯復出，全勤了例行賽最後 14 場，場均出戰 40.2 分鐘，得到 22.6 分，4.4 個籃板，7.3 次助攻，命中率高達 50.6%，最後 5 場更是場場得分 20+，率公牛隊連續第二季取得 41 勝 41 負，以東部第八名挺進季後賽。

這期間，最令公牛隊上下振奮的一場比賽，莫過於倒數第二場對陣波士頓塞爾提克隊。

當天，看到蒞臨「風之城」的波士頓塞爾提克隊，羅斯的思緒必定會飛回一年前，飛向那史詩般的 7 場鏖戰。他不會忘記，後來人們總拿賈奈特來說嘴，堅稱若非賈奈特傷停，公牛隊絕無可能將系列賽拖入搶七。如今，賈奈特傷癒復出，並隨隊來到「風之城」，羅斯要證明的就是，即便三巨頭齊整，公牛隊仍可戰而勝之。

非常的對手需要非常的表現。全場羅斯出戰 45 分 35 秒，22 投 15 中，罰球 10 中 9，瘋狂砍下 39 分，5 個籃板，7 次

助攻，3 次阻攻，率隊以 101 ： 93 力克對手，也讓合力拿下
67 分的三巨頭無功而返。

決勝第四節，羅斯 6 中 6 獨得 17 分，還送出 3 次助攻，
助隊友得到 7 分。公牛隊末節 34 分中竟有 24 分拜羅斯所賜。
全場 39 分也重新整理了羅斯在 3 個月前剛剛締造的生涯單場
得分紀錄。

「玫瑰」遇「皇帝」

剛擊敗了三巨頭齊整的波士頓塞爾提克隊，羅斯和公牛
隊在 2010 年首輪的對手就接踵而至。相比 2019 年的波士頓
塞爾提克隊，此番對手更來勢洶洶，那就是由兩屆例行賽
MVP 詹姆斯領軍的騎士隊。

在這一年之前，詹姆斯和羅斯這兩位狀元，就像兩條平
行線一樣，又好似身處不同的宇宙，在各自設定好的軌道上
前行，並無交集。一位是冉冉升起的新星，一位是渴望登上
最高領獎臺的東部新霸主，2010 年首輪就這樣擂響了戰鼓。

毋庸諱言，相比波瀾壯闊的 2009 年首輪，羅斯的 2010 年
首輪之旅則是水波不興。系列賽一開始，騎士隊便相繼獲得兩
場大勝，兩場合計公牛隊輸了 23 分。G3 公牛隊懸崖勒馬後，
卻又在 G4 再遭大敗。最終 5 場下來，有 3 場分差達兩位數。

系列賽首戰，羅斯就感受到迷茫。他出戰 43 分 17 秒，28 中 13，得到 28 分，7 個籃板，10 次助攻，甚至略勝拿下 24 分，6 個籃板，5 次助攻，4 次阻攻的詹姆斯。然而，騎士隊首節就開足馬力，此後也沒再給公牛隊機會，一場大勝（96 ： 83）就此落幕。

G2 中羅斯更切實感受到了差距。手感下滑的他 24 投 10 中，得到 23 分，8 次助攻，詹姆斯卻 23 中 16，轟下 40 分，8 個籃板，8 次助攻，以一己之力讓該場 3 人得分 20+ 的公牛隊豎起白旗，被迫接受一場 102 ： 112 的敗仗。

正所謂「滄海橫流方顯英雄本色」。在系列賽移師芝加哥後的首戰，羅斯出戰 42 分 19 秒，26 投 13 中，拿下 31 分，7 次助攻，攜手辛里奇（27 分，5 個籃板，5 次助攻）和羅爾‧丹恩（Luol Deng，20 分），以超高效率（三人合計命中率高達 57.4%）讓詹姆斯的 39 分，10 個籃板，8 次助攻，3 次阻攻打了水漂，率隊以 108 ： 106 險勝，避免陷入 0 ： 3 落後的絕境。

該場前三節公牛隊都領先，末節開打不久還將分差拉大到 13 分，但騎士隊的反撲自此開始。在詹姆斯的帶動下，騎士隊瞬間將分差迫近。終場前 7 分鐘，場上形勢更是陷入白熱化。

羅斯責無旁貸，他接管了公牛隊的進攻，連續 5 次跳投

命中4球，穩住軍心。終場前10秒，羅斯造成莫·威廉斯（Mo Williams）犯規，命中金子般寶貴的一記罰球。隨著安東尼·帕克（Anthony Parker）三分彈框而出，公牛隊逃出生天。末節羅斯獨得11分。

英雄的對話

G4中羅斯的表現按說也不賴，他20投9中，得到21分，5次助攻，卻不料詹姆斯再次「天神附體」，全場僅出戰36分24秒，就17投11中（三分9中6）轟下37分，12個籃板，11次助攻的大三元。前三節戰罷，騎士隊已領先23分，季後賽罕見地迎來長達12分鐘的垃圾時間。

由此，當系列賽重回克里夫蘭時，羅斯和公牛隊的抵抗也多了些悲壯的意味。出戰43分33秒，27投12中，得到31分，6次助攻，是羅斯留給2010年季後賽的最後一瞥。終場前1分49秒，羅斯連續4罰全中，將分差迫近到1分，保留了最後的希望。但暫停過後，終場前1分03秒，羅斯卻投丟了本季最重要一球。

本場詹姆斯輕鬆拿下準大三元（19分，10個籃板，9次助攻），並在最後時刻4罰3中，親手送公牛隊連續第二年首輪出局。

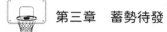

這也是騎士隊史首次在季後賽淘汰公牛隊。本輪之前，兩隊從 1988 年到 1994 年 5 次相遇於季後賽，騎士隊皆敗，其中 4 次和喬丹有關，騎士隊也成為受喬丹「荼毒」最深的球隊之一。如今形勢逆轉，只因 23 號球員換下了公牛隊球衣，披上了騎士隊戰袍。

但經此一戰，詹姆斯也對羅斯讚不絕口。2020 年 6 月，《Hoop Central》曾晒出韋德 2016 年的一段採訪，大家才了解到 2010 年休賽期當詹姆斯離開騎士隊時，曾想過攜手韋德，將天賦帶到芝加哥，但並未如願。曾有人責怪羅斯對招募詹姆斯不上心，但韋德道出實情，原來是他擔心自己、詹姆斯和羅斯 3 人打法相衝突。

真正的欣賞留存於詹姆斯和羅斯的心間。多年後，在回憶和詹姆斯的交手時，羅斯打趣稱：「就像是普通船員對抗《星際大戰》中的絕地武士。」在被問到巔峰羅斯有多強時，詹姆斯也曾回答說：「光是健康的德瑞克已非常恐怖了！」

羅斯 2009-2010 賽季季後賽首輪詳細數據

場次	1	2	3	4	5
比分	公牛隊 83： 96 騎士隊	公牛隊 102： 112 騎士隊	騎士隊 106： 108 公牛隊	騎士隊 121： 98 公牛隊	公牛隊 94： 96 騎士隊
時間	43	43	42	40	44
投籃命中率	46.4%	41.7%	50%	45%	44.4%

場次	1	2	3	4	5
命中	13	0	13	9	12
出手	28	24	26	20	27
三分命中率	0.0%	0.0%	50.0%	0.0%	50.0%
三分命中	0	0	1	0	1
三分出手	2	0	2	0	2
罰球命中率	100.0%	75.0%	66.7%	75.0%	100.0%
罰球命中	2	3	4	3	6
罰球出手	2	4	6	4	6
籃板	7	2	2	3	3
前場籃板	1	0	0	1	2
助攻	10	8	7	5	6
抄截	1	2	0	0	1
阻攻	0	0	0	0	0
失誤	7	1	0	3	2
犯規	3	3	1	1	1
得分	28	23	31	21	31

▌第三節　瘋狂的玫瑰（上）

生涯前兩個賽季羅斯的成長有目共睹，美中不足的是連續兩年止步於首輪。但這一切貌似都是在為羅斯生涯巔峰賽季做鋪墊，是壓軸戲上演前的暖場戲。在生涯第三季一步跨入聯盟一線巨星行列，並和前輩們比肩，羅斯的成長速度之快令人咋舌。多年後回憶，2010 到 2011 賽季羅斯通往 MVP 之路，仍與奇蹟相伴始終。

錫伯杜上任

對於連續兩年止步首輪，公牛隊高層的解讀是教練尼格羅已到瓶頸期，為此他們決定換帥。尼格羅教練下課，湯姆·錫伯杜教練在風之城走馬上任。正所謂「金風玉露一相逢，便勝卻人間無數」。羅斯正是在錫伯杜調教下迎來生涯巔峰，錫伯杜也將羅斯視為心腹愛將。雖然二人未能書寫又一段名師出高徒的經典傳奇，但僅著眼於 2010 到 2011 賽季的話，錫伯杜對羅斯和公牛隊的改造都是卓有成效的。

在錫伯杜上任之前，公牛隊儘管擁有羅斯，卻是一支攻守不平衡的球隊，防守尚可，進攻疲軟。將 2009 到 2010 賽季聯盟 30 隊進攻效率榜開啟，公牛隊的進攻效率僅排第 27 位。

為了彌補內線火力空缺，公牛隊在 2010 年 7 月 8 日完成

了一筆先簽後換的交易，從爵士隊換來卡洛斯‧布瑟（Carlos Boozer），並和他簽下了一份為期 5 年、總金額在 7,500 萬到 8,000 萬美元之間的合約。布瑟的到來造成了立竿見影的效果，他在 2010 到 2011 賽季場均可得 17.5 分，9.6 個籃板，命中率 51%，得分和籃板皆位居隊內第二。

羅斯的進化

儘管擁有了布瑟，但錫伯杜深知，解開公牛隊進攻難題的鑰匙，仍掌握在羅斯手中。只有充分釋放羅斯，才能挖掘出公牛隊全部的進攻潛能。為此，錫伯杜給予了羅斯在進攻端更多的戲份。

在場均出場時間變動不大的情況下，羅斯的出手增多了，最為顯著的便是三分球。生涯前兩個賽季對三分態度冷淡的羅斯，本季卻將三分納入武器庫，場均憑空增加了 4 次出手，且命中率也達到了 33.2%。由此換來的則是該賽季羅斯場均得分躍升至 25 分，比前一季多了 4.2 分，重新整理生涯紀錄。此外，本季羅斯的使用率、進攻效率和效率值也同時創下生涯新高。

雙管齊下，公牛隊的進攻效率得到顯著提升，每百回合可得 108.3 分，位居聯盟第 11 位，比前一季多了 4.8 分，排

名則竄升了 16 位。同時，調教防守也是錫伯杜的看家本領。在他的悉心指導下，公牛隊該賽季場均僅失 91.3 分，聯盟第二少，每百回合失分則為聯盟最少（100.3 分），比前一季足足少了 5 分。

防守第一，進攻逼近前 10，還有一位上升勢頭不可遏制，又添置了新武器，獲得了更多開火權的一線巨星，公牛隊終迎來自喬丹 1998 年退役後最強一季。羅斯也開始了收割榮譽和紀錄的歷程。

首月的爆發

羅斯的 MVP 賽季，從賽季第一個月便顯露端倪。從揭幕戰到 11 月底，羅斯出戰 14 場，場均可得 26.6 分，4.6 個籃板，8.2 次助攻，命中率 46.8%，率公牛隊獲得 9 勝 5 負。這期間，羅斯有 6 場比賽得分 30+，10 月 30 日對陣活塞隊砍下平生涯紀錄的 39 分是其代表作。

在奧克拉荷馬市輸掉揭幕戰後，回到主場的公牛隊力求首勝。本場比賽，活塞隊先拔頭籌，上半場結束竟領先 19 分。但下半場風雲突變，尤其是末節公牛隊僅讓活塞隊得到可憐的 9 分，單節淨勝 25 分，以 101：91 逆轉獲勝。

全場羅斯出戰 38 分鐘，27 投 13 中，其中三分 7 中 3，

罰球 13 中 10，砍下 39 分，6 個籃板，7 次助攻。上半場羅斯得到 17 分，第三節他一分鐘沒歇，9 中 5，拿下 14 分。末節他投籃手感衰減，卻賺得 8 次罰球，竟和活塞隊全隊持平。

　　11 月底，羅斯曾連續 3 場得分 30+，生涯首次。11 月 24 日苦戰雙加時拿下太陽隊，羅斯出戰 50 分 19 秒，33 中 14，拿下 35 分，12 個籃板，7 次助攻，也堪稱其本季代表作。

12 月的風暴

　　稍做調整後，羅斯踏上了新的旅程。從 12 月 8 日到 26 日的 19 天內，羅斯出戰 10 場，有 8 場得分 20+，場均得到 23.1 分，5.6 個籃板，8.8 次助攻，場均出手 4.6 次三分，命中率達到驚人的 41.3%，一個十八般武藝樣樣精的羅斯躍然在各路豪強面前。

　　這期間最值得銘記的一場比賽，無疑是 12 月 10 日主場對陣湖人隊。當天，「紫金軍團」上門踢館，羅斯和科比展開對飆。最終，羅斯 25 投 12 中，其中三分 5 中 3，罰球 4 中 2，得到 29 分，5 個籃板，9 次助攻；科比則手感不佳，儘管也拿下 23 分，5 個籃板，7 次助攻，命中率卻跌破 40%，三分更只有 4 投 1 中。公牛隊在首節落後 10 分的情況下，以 88：84 反敗為勝。

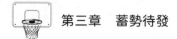

本場比賽的意義在於，這是羅斯生涯首次戰勝科比。同時，公牛隊上一次取得對湖人隊的勝利，還要追溯到 4 年前的 2006 年 12 月 19 日。

▌第四節　瘋狂的玫瑰（下）

連續 10 場 20+

磨合到位的公牛隊在新年到來之際爆發出令各路豪強膽寒的能量，羅斯也開足馬力狂奔。從 2011 年 1 月 14 日到 2 月 2 日，羅斯連續 10 場得分 20+，重新整理生涯紀錄，並率公牛隊豪取 9 勝 1 負。

這期間最令人難忘的，則是 1 月 17 日客戰灰熊隊的比賽。該場羅斯出戰接近 40 分鐘，儘管 20 投 7 中顯示他的手感並沒那麼火熱，他卻收穫了生涯首個大三元（22 分，10 個籃板，12 次助攻）。公牛隊從開場便占據主動，上半場領先達 11 分，不費吹灰之力在孟菲斯凱旋。

當年，羅斯身為孟菲斯大學的明星，曾率隊挺進 NCAA 決賽，這裡的大街小巷仍傳唱著他的傳奇。多年後，羅斯重回故地，又拿下生涯首個大三元，真可謂緣妙不可言。

在這段狂飆臨近尾聲時，羅斯又聽聞了一個好消息，他

被選為 2011 年全明星先發，這在其生涯中也是首次，他在聯盟的地位和人氣由此可見一斑。在當年的全明星票選中，羅斯獲得 191.4996 萬張選票，位列東區後衛第二，僅次於韋德（204.8175 萬張選票），在聯盟也高居第 5 位。

2 月 20 日，羅斯首次以先發身分踏上洛杉磯全明星正賽的賽場，全場他出戰接近 30 分鐘，13 投 5 中，得到 11 分，3 個籃板，5 次助攻。西區明星隊以 148 ： 143 獲勝，東道主科比憑藉 37 分 14 個籃板的表現榮膺 MVP。

兩攀高峰

就在 2011 年全明星週末之前，羅斯再次迎來生涯里程碑，以至於有人打趣稱，如果全明星投票晚一點截止，羅斯成為票選第一的後衛也並非天方夜譚。

2 月 17 日，公牛隊主場迎來勁敵，即由「GDP 組合」領銜的馬刺隊。該賽季西區競爭異常慘烈，而馬刺隊仍是西區不可忽視的一股力量。在本場賽前，馬刺隊豪取 46 勝 9 負，因此本場也堪稱東西區的一場巔峰對決。

如此重要的比賽，羅斯怎能缺席？全場，羅斯神兵天降，出戰 38 分 30 秒，28 投 18 中，罰球 6 中 6，掠下 42 分，5 個籃板，8 次助攻，再次重新整理生涯單場得分紀錄。上半

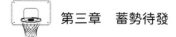

場，羅斯手感就出奇地好，12 中 8 拿下 21 分。第三節稍做休整，羅斯在末節再度爆發，單節 7 中 6 拿下 13 分，終令西部豪強授首。

3 月 18 日，公牛隊開拔到印第安納州，羅斯在對陣溜馬隊的比賽中再次轟下 42 分，卻遺憾地以 108：115 落敗。該場，羅斯 27 投 11 中，手感平平，還 6 犯離場，卻獲得創賽季紀錄的 21 次罰球。溜馬隊先發五虎罰球數合計，也僅比羅斯多 5 球。

季末狂飆

兩攀高峰卻看到不一樣的風景，這並不會讓羅斯氣餒，畢竟公牛隊戰績正處於瘋狂上揚態勢中。從 2 月 9 日開始到季末，公牛隊再沒有遭遇過連敗，一波波的連勝接踵而至。32 場比賽，公牛隊豪取 28 勝，就此以 62 勝 20 負力壓馬刺隊（61 勝 21 負），奪取例行賽聯盟頭名。而公牛隊上一次單季 60 勝，正是喬丹上演「最後一舞」的 1997 到 1998 賽季。此外，這也是公牛隊史上第六個 60 勝的賽季。

羅斯也上演了最後的瘋狂。從 3 月下旬到季末，羅斯場均拿下 27.2 分，3.3 個籃板，7.8 次助攻，總命中率 49.3%，三分場均出手 5.1 次，36.1% 的命中率也頗為可觀。連續 12

場，羅斯有 10 場得分 20+，6 場得分 30+，並率公牛隊以賽季最長的 9 連勝，為 2010 到 2011 賽季畫上完美句號。

這期間不得不提的，是 3 月 26 日客戰公鹿隊的比賽。在密爾沃基，羅斯出戰 40 分鐘，17 投 9 中，罰球 12 中 12，拿下 30 分 17 次助攻，重新整理生涯單場助攻紀錄。

賽季盤點，羅斯出戰 81 場，共拿下 2,026 分 623 次助攻，由此成為 1972 到 1973 賽季以來，第三位單季拿下至少 2,000 分，還送出 600 次助攻的球員，此前兩人分別是喬丹和詹姆斯。

「憤怒的公牛隊」暫時止步，而被他整賽季表現深深折服的業內人士和球迷突然意識到，這樣的羅斯終於可以夢想些什麼了。

羅斯和公牛隊

如果將羅斯和公牛隊的緣分比作一本著作，那麼作者行文至此，可能會掩卷嘆息。沒錯，眼看羅斯和公牛隊的結合即將收穫豐碩的果實，誰又能想到當年雙方曾險些擦肩而過？

後來羅斯曾在關於自己的一部紀錄片中透露，其實當年選秀時，公牛隊對他並非信任有加，主要原因還是顧及羅斯

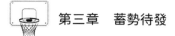

的出生環境，尤其是他曾鋃鐺入獄的哥哥們。這對於從小被哥哥們灌輸了對家鄉球隊熱切的愛，一心將為家鄉球隊效力視為人生至高目標的羅斯而言，不啻於晴天霹靂。多少次，羅斯在深夜裡忍受內心痛苦的煎熬時，都會一遍遍地發問：「到底是我參加選秀，還是我的哥哥們參加選秀？」

羅斯的三哥艾倫也曾說過：「因為我曾經犯下的過錯，險些讓德瑞克和狀元秀擦肩而過。但德瑞克堅定地回覆說：『若你們無法接受我的哥哥，那就不要選我！』」

但正所謂「我無法決定自己的出生，但我可以決定自己的人生。」正如 10 年前的艾弗森用「戰神」般的表演令費城球迷回味悠長那樣，羅斯也即將用生涯最完美一季，撥動風之城球迷的心弦，讓他們為當年後怕，為現在狂喜，慶幸沒有為英雄關上那扇沉重的大門。如今，公牛隊從高層到球迷，只想走過來拍拍羅斯的肩，由衷地說一句：「有你，真好！」

第四章　完美綻放

▎第一節　風城 MVP

　　張愛玲曾說過「出名要趁早」，羅斯無疑是深諳此道的。2010 到 2011 賽季，新任教練錫伯杜出手不凡，改造了羅斯和公牛隊，率隊豪取聯盟頭名，取得自喬丹時代以來首個 60 勝賽季，羅斯也交出場均 25 分，4.1 個籃板，7.7 次助攻、總命中率 44.5%、三分命中率 33.2% 的亮麗成績單。

紀錄收割機

　　從紀錄的角度回看 2010 到 2011 賽季例行賽，羅斯的表現著實驚人：

1. 他是 NBA 史上第 7 位單季場均能得到至少 25 分，4 個籃板，7.5 次助攻的球員，此前 6 人分別是奧斯卡・羅伯特森（Oscar Robertson）、傑里・韋斯特（Jerry West）、伯德、喬丹、韋德和詹姆斯；

2. 整賽季，單場羅斯所貢獻得分（包括他自己的得分和助攻隊友所得的分）占了該場公牛隊總得分至少一半的比賽達到 26 場，領先全聯盟；

3. 整賽季，羅斯打出 23 次雙十，得分 30+ 的比賽達到 23 場，而在生涯前兩季，得分 30+ 的比賽合計才 8 場，且

全部出現在生涯第二季;

4. 他也成為 2010 到 2011 賽季聯盟僅有的一位場均得分(第 7 位)和助攻(第 10 位)都名列前 10 的球員。而此前單季有過如此表現的公牛隊球員,也只有 1988 到 1989 賽季的喬丹。該賽季,喬丹場均得到 32.5 分,位列聯盟首位,8 次助攻則排名第 10 位;

5. 整賽季,羅斯共得到 2,026 分 623 次助攻 330 個籃板,由此成為 NBA 史上第 5 位單季得到至少 2,000 分,600 次助攻,300 個籃板的球員,此前 4 人分別是羅伯特森、約翰·哈弗利切克(John Havlicek)、喬丹和詹姆斯。

球隊戰績和個人表現雙贏,如此羅斯自然具備了問鼎個人最高榮譽的機會。年齡和資歷一度被視為唯一阻礙,但貌似是出於對詹姆斯蟬聯例行賽 MVP 的審美疲勞,或者是詹姆斯在 2010 年的「決定」讓他人設崩塌,較長時間內未能挽回聲譽,遂讓羅斯成為評委們的寵兒。從事後來看,若無羅斯,詹姆斯可能會達成史無前例的 MVP 五連莊。

黃袍加身

2011 年 5 月 3 日,羅斯的聲望達到頂點,NBA 官方宣布授予他該賽季的例行賽 MVP,13 年後,MVP 重歸芝加哥。

同時，羅斯還入選了 2010 到 2011 賽季的最佳陣容一陣，和德懷特·霍華德（Dwight Howard）、杜蘭特、詹姆斯、科比等人並肩而立，這在他的生涯中也是頭一遭。

　　該賽季的 MVP 票選幾乎呈一邊倒的態勢，羅斯獲得了113 張第一順位選票，總得分高達 1,182 分，將排名第二的霍華德（3 張第一順位選票，總得分 643 分）遠遠地甩在身後。詹姆斯排名第三，他獲得了 4 張第一順位按票，總得分為522 分。

姓名	球隊	第一選擇票	第二選擇票	第三選擇票	第四選擇票	第五選擇票	總分	首選率	得票率
德瑞克·羅斯	芝加哥公牛隊	113	6	2	0	0	1182	93.39%	37.57%
德懷特·霍華德	奧蘭多魔術隊	3	57	31	16	11	643	2.48%	20.44%
勒布朗·詹姆斯	邁阿密熱火隊	4	26	39	31	12	522	3.31%	16.59%
科比·布萊恩	洛杉磯湖人隊	1	18	32	40	12	428	0.83%	13.60%
凱文·杜蘭特	奧克拉荷馬雷霆隊	0	6	10	20	38	190	0.00%	6.04%
德克·諾維茨基	達拉斯獨行俠隊	0	5	3	11	30	113	0.00%	3.59%
德韋恩·韋德	邁阿密熱火隊	0	1	1	2	6	24	0.00%	0.76%
馬努·吉諾比利	聖安東尼奧馬刺隊	0	2	0	0	6	20	0.00%	0.64%
阿馬雷·斯塔德邁爾	紐約尼克隊	0	0	1	0	4	9	0.00%	0.29%
布雷克·格里芬	洛杉磯快艇隊	0	0	1	0	0	5	0.00%	0.16%
拉簡·隆多	波士頓塞爾提克隊	0	0	1	0	0	5	0.00%	0.16%
托尼·帕克	聖安東尼奧馬刺隊	0	0	0	1	0	3	0.00%	0.10%
克里斯·保羅	紐奧爾良鵜鶘隊	0	0	0	0	2	2	0.00%	0.06%

2010-2011 賽季例行賽 MVP 評選投票詳情

芝加哥沸騰了。羅斯和喬丹並列，成為史上僅有的兩位榮獲例行賽 MVP 的公牛隊球員。此外，他也以 22 歲零 6 個月的年紀，成為 NBA 史上最年輕的例行賽 MVP，打破了此前由 NBA 球星韋斯‧昂塞爾德（Wes Unseld）所保持的歷史紀錄。1968 到 1969 賽季，昂塞爾德在菜鳥賽季當選例行賽 MVP，當時的他年僅 23 歲零 2 個月。

　　此外，控衛素來是例行賽 MVP 評選的熱門，此番也得到了驗證。羅斯也成為繼史蒂夫‧奈許（Stephen Nash，2005、2006 年蟬聯 MVP）之後，首位獲得例行賽 MVP 的控衛。同時，他也是 NBA 史上第 5 位當選例行賽 MVP 的控衛，前 4 人除奈許外，還有鮑勃‧庫西（Bob Cousy，1957）、「大 O」羅伯特森（1964）和「魔術師」強森（Earvin Johnson，1987、1989、1990）。

　　值得一提的是，艾倫‧艾弗森（Allen Iverson）在初入聯盟時定位為控衛，但在斬獲例行賽 MVP 的 2000 到 2001 賽季，他已被改造成得分後衛，該賽季他有 60% 的時間出任二號位。

於無聲處聽驚雷

　　不得不說，羅斯在 2010 到 2011 賽季的進步幅度是驚人的，畢竟在 2009 到 2010 賽季例行賽 MVP 的票選中，羅斯是

沒有獲得過一張選票的。由此，羅斯也成為自 2004 到 2005
賽季的奈許之後，首位前一季沒得到一張例行賽 MVP 選票，
卻在第二個賽季將例行賽 MVP 獎盃捧回家的球員。翻開 2003
到 2004 賽季例行賽 MVP 票選名單，的確難覓奈許的蹤影。

　　從這個角度來看，羅斯的獲獎也就和當時奈許的獲獎一
樣，有了一絲「於無聲處聽驚雷」的意味。當年，沒人會猜到
奈許回歸太陽隊這筆看似普普通通的交易，卻掀起了滔天巨
浪，不僅改變了聯盟的格局，而且深刻影響了日後聯盟的發
展；羅斯也是一樣，2010 到 2011 賽季僅是他 NBA 生涯第三
季，沒人想過如此年輕、資歷如此淺的羅斯，竟也能登堂入
室，將眾多資歷更老的巨星拉下馬。

　　因此，稱羅斯在這一季徹底爆發，迎來人生巔峰，也並
不為過。本季的羅斯真可謂「會當凌絕頂，一覽眾山小」。

完美偶像

　　球迷們總是在尋覓著最完美的偶像，為此不斷提出各種
苛刻的條件。曾經，在 1998 年總決賽 G6 完成抄截後致勝一
投的喬丹，最為接近球迷心中那位完美偶像。但喬丹後來在
華盛頓巫師隊復出，延續了球迷的追星夢，卻也打碎了完美
偶像的形象，以至於如今仍有球迷在設想：「如果喬丹的生

涯永遠定格在 1998 年總決賽 G6 那一投，該有多完美？」

　　和喬丹有諸多相似之處的羅斯，也曾在一定程度上滿足了芝加哥球迷對完美偶像的憧憬。他是土生土長的芝加哥人，他生於斯長於斯，和這裡的每一寸土地都血脈相連。後來，他在風之城讀完了高中，僅在田納西州讀了一年大學，就迫不及待地回歸故里，成為家鄉球隊的一員，並將自己的巔峰歲月留在了這裡。

　　一座金燦燦的例行賽 MVP 獎盃，是羅斯對家鄉最好的回饋，也包含著他走過的路 —— 在英格伍德的懵懂歲月、在西米恩高中的肆意青春、在孟菲斯大學的無畏征途，以及在紅色公牛隊的榮耀歷程。年輕沒有失敗，不怕回首，也不懼展望。或許正如詹姆斯所說的：「任何時候談到 MVP，都不能不提到德瑞克‧羅斯。」

▌第二節　衝擊東決

　　度過了轟轟烈烈的 2010 到 2011 賽季例行賽後，一個現實問題擺在了年輕的 MVP 面前：季後賽能走多遠？畢竟當時羅斯二入季後賽，卻都首輪打道回府。喬丹生涯之初也曾連續 3 年止步首輪。但在首次當選例行賽 MVP 的 1987 到 1988 賽季，他曾率隊迎來突破。喬丹如此，羅斯呢？

印第安納來客

2011 年公牛隊首輪對手是溜馬隊。13 年前的 1998 年季後賽，帶給「最後一舞」的公牛隊最艱鉅挑戰的，恐怕並非爵士隊，而是溜馬隊。當年東決，擁有雷吉・米勒（Reggie Miller）的溜馬隊曾將系列賽拖入搶七，嚇出芝加哥球迷一身冷汗。

13 年後，溜馬隊仍是令同區對手不舒服的存在。儘管 2011 年首輪公牛隊以 4 ：1 過關，但比賽過程不像總比分所顯示的那樣輕鬆。除了 G5 公牛隊大勝 27 分外，前 4 場分差都不超過 6 分，每一場都戰至最後時刻，溜馬隊險些上演「黑八奇蹟」。

首戰公牛隊以 104 ：99 險勝，羅斯出戰 38 分 35 秒，23 投 10 中，罰球 21 中 19，得到 39 分，6 個籃板，6 次助攻，3 次阻攻，但三分 9 投盡沒。

終場前 3 分鐘，溜馬隊一度領先達 10 分，公牛隊形勢危如累卵。好在羅斯終於站了出來。他先妙傳諾亞暴扣，隨即上籃造成羅伊・希伯特（Roy Hibbert）犯規，打成 2+1，隨後又親自操刀，僅用時 2 分鐘率隊扳平。接著，羅斯助攻凱爾・柯佛（Kyle Korver）三分飆中，又氣定神閒地走上罰球線，2 罰得手，完成逆轉。

首戰憾負反而激發了溜馬隊的鬥志。G2 戰至末節，公牛隊仍未能甩開對手，雙方戰成 67 平，溜馬隊甚至一度領先。關鍵時刻仍看羅斯，他末節拿下 14 分，十八般兵器齊上陣，終率隊以 96：90 險勝。全場，羅斯 25 投 11 中，其中三分 5 中 2，罰球 13 中 12，得到 36 分，8 個籃板，7 次助攻。

突破首輪

隨後兩場，在溜馬隊的圍追堵截下，羅斯手感跌至冰點，命中率皆跌破 30%，合計 40 投 10 中。但身為巨星，羅斯自有辦法。G3 中他全場 23 分中有 13 分來自罰球，率隊以 88：84 再下一城，獲得了牢不可破的 3：0 領先，終瞥見晉級曙光。

但羅斯糟糕的手感仍延緩了公牛隊的腳步。G4 中羅斯 22 投僅 6 中，三分 9 投僅 1 中，僅得 15 分。儘管他送出 10 次助攻和 4 次抄截，公牛隊仍敗走印城。G5 回到芝加哥，擔心夜長夢多的羅斯終復甦，全場 17 投 8 中，其中三分 8 中 3，罰球 7 中 6，得到 25 分，6 次助攻，2 次抄截，2 次阻攻，對手繳械投降。

這是公牛隊自 2007 年後首次突破首輪，但羅斯的表現多少和 MVP 身分不符。本輪他場均得到 27.6 分，4.6 個籃板，

6.2 次助攻，2.6 次抄截，但總命中率僅為 37.1%，三分命中率也只有可憐的 21.6%。

究其原因，還在於溜馬隊是值得尊敬的對手，這也預示著該隊在此後數年的崛起。在丹尼‧格蘭傑（Danny Granger）率領下，他們勇敢地站在公牛隊面前，一如兩年前羅斯率隊挑戰波士頓塞爾提克隊。勝者固然可敬，敗者同樣配得上鮮花和掌聲。

若以後來人的眼光來看，2011 年首輪公牛隊遭遇溜馬隊的強力阻擊並非全是壞事，這錘鍊了全隊的意志，令其警醒。而相比溜馬隊，公牛隊次輪對手更來勢洶洶。

這就是老鷹隊。該賽季老鷹隊以 44 勝 38 負位列東區第五，首輪以 4：2 挑落魔術隊。該隊當時由喬‧強森（Joe Johnson）、喬許‧史密斯（Josh Smith）、艾爾‧霍福德（Al Horford）、馬文‧威廉斯（Marvin Williams）和畢比等領銜。相比公牛隊，老鷹隊堪稱「老江湖」，當羅斯還在首輪蹉跎時，老鷹隊已連續第 3 季闖入東區次輪。

黑鷹降落

薑是老的辣，首戰老鷹隊就給了公牛隊一個下馬威，以 103：95 獲勝，破了當年季後賽公牛隊主場不敗金身。該場

羅斯 27 投 11 中，其中三分 7 中 2，得到 24 分，5 個籃板，10 次助攻，但強森和克勞福德（Jamal Crawford）合力拿下 56 分，公牛隊主場飲恨。

　　首戰上半場，羅斯貌似又回到首輪，10 中 2 僅得 5 分。但下半場羅斯猛醒，末節更是 9 中 5 獨得 11 分。然而強森和克勞福德末節聯手拿下 21 分，令羅斯徒喚奈何。

　　由此，公牛隊在 G2 的目標就無比明確了：捍衛主場。羅斯手感仍不佳，全場他 27 投 10 中，其中三分 8 中 1，罰球 6 中 4，得到 25 分，6 個籃板，10 次助攻。但公牛隊該季貴為聯盟第一的防守發揮了效力，老鷹隊得分驟降 30 分，命中率跌至 33.8%，終以 73 ： 86 告負。

　　食髓知味的公牛隊如法炮製。系列賽移師亞特蘭大，老鷹隊在繼續見識公牛隊強悍防守的同時，也驚悚地看到了一個滿血復活的羅斯。該場，羅斯出戰不足 38 分鐘，27 投 16 中，其中三分 7 中 4，罰球 9 中 8，轟下 44 分，5 個籃板，7 次助攻。首節羅斯就轟下 17 分，前三節戰罷已拿下 34 分，輕鬆獲勝。

東決的祥雲

　　但如果以為系列賽就這樣結束了，未免太低估老鷹隊。G4 中羅斯火力仍旺盛，23 投 12 中，其中三分 3 中 1，罰球 11 中 9，得到 34 分，10 次助攻，但老鷹隊卻掙脫出了公牛隊設下的天羅地網，打出接近五成的命中率。強森、史密斯和霍福德 3 人得分 20+，率隊以 100：88 將總比分扳平。

　　天王山之戰倏忽而至，好在羅斯本場並不孤獨。該場羅斯 24 投 11 中，其中三分 5 中 1，罰球 13 中 10，得到 33 分，10 次助攻。羅爾・丹恩成為他的左膀右臂，該場也有 23 分入帳。兩人攜手在首節拿下 20 分，率公牛隊淨勝 11 分。老鷹隊苦苦扳平後，羅斯末節再得 11 分，率隊單節淨勝 11 分，一鼓作氣拿下賽點。

　　這沉重打擊了老鷹隊的士氣。G6 中公牛隊首節就領先 10 分，三節戰罷領先 17 分，老鷹隊完全放棄抵抗。全場，羅斯閒庭信步般 14 投 8 中，拿下 19 分，12 次助攻，布瑟 (Carlos Boozer) 再添 23 分，10 個籃板，5 次助攻，老鷹隊折翅。

　　就這樣，公牛隊自喬丹於 1998 年退役後，首次闖入東決。羅斯在本輪場均得到 29.8 分，4.3 個籃板，9.8 次助攻，總命中率恢復至 45%，美中不足的是三分命中率仍不足 30%。

在公牛隊球迷期盼的目光中，喬丹時代曾飄浮在芝加哥上空的祥雲，貌似又再次聚攏而來了。

第三節　再戰詹皇

東決終於重新回到了芝加哥。為了這一天，羅斯等待了3年，芝加哥球迷則苦苦等待了13年。儘管過程艱辛，但當真正踏上東決賽場的那一刻，羅斯和公牛隊會感到一切都是值得的。正如泰戈爾在詩中寫到：「離你最近的地方，路途最遠；最簡單的音調，需要最艱苦的練習。」

然而，羅斯明白，公牛隊本季的征程尚未結束，甚至可以說剛剛開始。只有在最強勁的敵手面前，才能驗出自己最真的成色。而此番充當公牛隊試金石的，正是熱火隊三巨頭，而這也是羅斯和詹姆斯連續第2年在季後賽相遇。

最強的敵人

話分兩頭，卻說2010年季後賽，詹姆斯在率領騎士隊首輪4：1淘汰公牛隊後，卻也未能走得太遠，在東區次輪就以2：4不敵宿敵波士頓塞爾提克隊。在2007年折戟總決賽後，騎士隊不進反退，再也未能重返總決賽，這也讓詹姆

斯生涯前兩座例行賽 MVP 拿得有些尷尬。斬獲榮譽無數，陳列室裡僅缺冠軍獎盃妝點，讓從出生時起就從未離開過家鄉的詹姆斯，第一次動了「外界的世界很大，我想去看看」的心思。

終於，詹姆斯在電視直播中公開表示「會將天賦帶到南海岸」，一石激起千層浪。克里夫蘭的球迷以最極端的方式表達了憤恨，更多的球迷則一臉愕然。畢竟，像詹姆斯這樣被預定為聯盟未來第一人的巨星，竟然選擇在盛年時組團，對於從喬丹時代走過來的球迷而言，多少是有些牴觸的。

只有邁阿密球迷欣喜若狂，詹姆斯、韋德和波許（Chris Bosh）的聯手，讓他們自 2006 年後再次嗅到了冠軍的味道，也對「神運算元」帕特·萊利（Pat Riley）的暗度陳倉而欽佩不已。但其實，這份狂喜和憧憬，芝加哥球迷本來也能體會得到，甚至機會更大。

這就引出了 NBA 近年來的一樁公案。有消息稱，在 2010 年季後賽結束後，韋德和詹姆斯曾想過加盟公牛隊。芝加哥也是韋德的故鄉，他想要回家鄉球隊打球，情有可原；詹姆斯則是看好公牛隊的前景。坊間曾有傳說稱，詹姆斯喜歡羅斯的打球方式，想要和他攜手合作。

對方主動示好，眼看天大的禮物要掉到手中，公牛隊高層立刻行動了起來。但此時，他們卻赫然發現，羅斯並不願

配合。據說，羅斯並不是排斥詹姆斯、不想和詹姆斯一起打球，而是因為他心裡始終有個執拗的想法：「我就在這裡，如果你想來，我們就一起打球；但我是不會參加招募，去主動勸說另一人來和我打球的。」

此消息一出，有不少球迷將公牛隊未能組建三巨頭的責任，一股腦算在了羅斯頭上。但對此，羅斯後來也曾做出過澄清，稱他當時也曾錄了一段招募詹姆斯的影片，但他並不確定詹姆斯等人是否曾看過。

說到底，這是羅斯的性格使然，無可指摘。當年在英格伍德街區，在母親和哥哥的羽翼下逐漸長大時，羅斯就養成了內斂沉默的性格，同時也讓他多了份執拗。籃球是他的語言，是他內心的宣洩，他會在心裡暗暗角力。但類似於登上飛機、飛到詹姆斯身邊、懇請他前來和自己合作的做法，卻是和羅斯的內心相違背的。

巔峰無限美

就這樣，公牛隊和熱火隊如同兩位霸王，各自開疆拓土，終於到了碰面的時候。不過，到此時為止，芝加哥球迷仍是自信的，即便對方擁有詹姆斯。因為在他們的記憶中，熱火隊素來是公牛隊的手下敗將。對熱火隊而言，對抗公牛

隊的歷史就是一部血淚交加的歷史。

在 2011 年之前，雙方在季後賽碰面 5 次，公牛隊贏了 4 次，前 3 次均來自喬丹時期。2006 年，熱火隊終在首輪 4：2 復仇公牛隊，但 2006 到 2007 賽季的揭幕戰，公牛隊就在邁阿密親手搗毀了熱火隊的奪冠慶典，客場大勝 42 分。這也為 2007 年首輪公牛隊 4：0 阻斷熱火隊衛冕美夢埋下了伏筆。

公牛隊一度讓熱火隊絕望到何種程度？當詹姆斯剛加盟熱火隊時，曾被迫將球衣號碼從 23 號改成了 6 號。之所以如此，是因為熱火隊 23 號已經退役，不是為別人，正是為喬丹。沒錯，熱火隊為一位從未為本隊效力過的球員退役球衣，這在 NBA 也是絕無僅有了。

東決首戰的結果貌似也印證了芝加哥球迷的預測。在聯合中心體育館，上半場兩隊形成相持，第三節公牛隊率先發力，單節淨勝 9 分；最後一節，熱火隊仍無起色，公牛隊趁勝追擊，單節淨勝 12 分，竟以 103：82 大勝。

本場羅斯的表現自然可圈可點。他出戰 38 分 20 秒，22 投 10 中，其中三分 7 中 3，罰球 6 中 5，得到 28 分，6 次助攻。在拉開分差的第三節，羅斯 7 中 3 獨得 10 分，竟比本節三巨頭總得分少 2 分。羅爾・丹恩成為他的好幫手，全場三分 6 中 4，得到 21 分，7 個籃板，4 次抄截。

不過，「詹韋」組合該場雙雙失常，也是不容忽略的。兩

人該場得分均未達到 20 分，合計僅 33 分，韋德 17 中 7，詹姆斯 15 投更是僅中 5 球。熱火隊僅靠波許一人 17 中 12 拿下 30 分，9 個籃板與敵周旋，也僅堅持了半場。

該賽季公牛隊聯盟第一的防守在首戰威力盡顯。錫伯杜對「詹韋」實行包夾，放空波許，同時加快防守輪轉速度，在掐滅詹、韋這兩個火力點的同時，也切斷了他們和本隊角色球員的連繫，鄧對詹姆斯的單防也頗見成效。當然，坊間還有一種說法，稱詹姆斯在首戰前夜興奮過度，導致第二天在賽場上化身「軟腳蝦」。

此外，公牛隊首戰命中率並不高 (43.7%)，卻憑藉 19：6 的進攻籃板，憑空多出 19 次出手，結果也僅比熱火隊多命中 6 球。三分球是公牛隊獲勝的另一法寶，該場公牛隊三分 21 中 10，令熱火隊三分 (8 中 3) 相形見絀。

若有預知未來的能力，本場賽後羅斯定會像歌德筆下的浮士德 (Faust) 那樣喊出：「你真美啊，請停留。」他的季後賽生涯巔峰，永遠定格在這一刻。

▌第四節　最後的巔峰

2010 到 2011 賽季例行賽，公牛隊三戰熱火隊全部獲勝。算上 2011 年東決首戰，短短一個賽季，熱火隊竟連續 4 場不

敵同一個對手，這對剛組成了豪華陣容志在奪冠的熱火隊而言是不可思議的。然而，就在芝加哥球迷翹首以盼 13 年後總決賽重返「風之城」時，命運卻和公牛隊開了個大大的玩笑。

怕什麼來什麼

　　東決首戰以 103：82 大勝熱火隊，看似可喜，但仔細想來，坐鎮主場又是例行賽東區頭名的公牛隊，只算完成了例行任務而已。接下來，倘若在第二個主場有所閃失，優勢會瞬間轉化為劣勢。

　　但正如「墨菲定律」所說：「如果事情有變壞的可能，不管這種可能性有多小，它總會發生。」2011 年東決 G2，芝加哥球迷好不容易累積起來的好心情瞬間跌入冰谷。

　　該場公牛隊首節仍領先，但隨後進攻效率卻直線走低，整個下半場公牛隊僅得 29 分，第四節僅得 10 分。儘管公牛隊的防守讓熱火隊在末節也僅得 14 分，全場 85 分也僅比首戰多了 3 分，但公牛隊僅得 75 分，卻足足比首戰少了 28 分。即便將例行賽 82 場也算在內，75 分也重新整理了 2010 到 2011 賽季公牛隊單場最低得分紀錄。

　　羅斯難辭其咎。全場他 23 投僅 7 中，三分 3 投盡沒，罰球 10 中 7，得到 21 分，6 個籃板，8 次助攻。受其感染，羅爾‧

丹恩 15 中 5，布瑟 10 中 3，柯佛 7 中 1，三人合計僅得 23 分。公牛隊總命中率僅為 34.1%，出手 20 記三分，僅命中可憐的 3 球，徒喚奈何。

遭遇反制

　　系列賽移師邁阿密，公牛隊將士滿腹狐疑地來到南海岸，等待他們的是又一個手感欠佳的夜晚，以 85：96 落敗。該場，羅斯 19 投 8 中，其中三分 3 中 1，罰球 3 中 3，得到 20 分，5 個籃板，5 次助攻。布瑟同樣 19 投 8 中，但憑藉 12 中 10 的罰球，他拿下 26 分，17 個籃板，2 次阻攻。

　　但在羅斯和布瑟苦苦尋覓丟失的瞄準鏡時，卻愕然發現「詹韋」組合早已逃出生天。G2，他兩人就聯手拿下 53 分，宣告公牛隊的防守策略失效。G3 中韋德手感冰涼，但波許重煥生機，全場 18 中 13，罰球 10 中 8，轟下 34 分，5 個籃板。再加上詹姆斯 22 分，6 個籃板，10 次助攻，2 次抄截，2 次阻攻的全能表現，熱火隊在主場凱旋。

　　本欲掐住熱火隊的咽喉，卻不料被熱火隊抓住了七寸。系列賽之初，公牛隊在防守「詹韋」組合上費心勞神，殊不知對手也在鑽研公牛隊，羅斯成為他們重點看護的目標。系列賽迄今羅斯的手感持續走低，但套用一句廣告詞：「沒有最

糟，只有更糟。」

　　G4 賽後，盯著技術統計表，羅斯無法相信自己的眼睛。該場他 27 投僅 8 中，命中率僅為 29.6%，三分出手 9 次僅命中 1 球。儘管他仍得到 23 分，6 次助攻，卻出現多達 7 次失誤。這不是 2011 年季後賽羅斯命中率最低的一場，當然也不是得分最少的一場，但若綜合來看，稱其是表現最離譜的一場，應不為過。

　　當然，韋德的手感也未恢復，雙方都呈現出三核心中一人挖坑、兩人奮力填坑的態勢。熱火隊這邊是詹姆斯和波許，兩人合力拿下 57 分；公牛隊這邊則是布瑟和羅爾·丹恩，兩人合砍 40 分，命中率高達五成。

　　因此，比賽無法速戰速決，被拖入加時。第四節終場前，羅斯 2 罰 1 中，追平比分，但他隨後 2 投全部偏出，距絕殺咫尺之遙。糟糕的手感也延續到延長賽中。整個加時，羅斯 3 投 0 中顆粒無收，熱火隊以 101 ： 93 再下一城。

絕望的反擊

　　總比分 1 ： 3 落後，公牛隊已被逼入絕境。這讓他們在 G5 的反擊更犀利，結局也更為悲壯。

　　該場第四節至今仍是芝加哥球迷不願提及的痛。還剩 3

分 14 秒時，公牛隊還以 77 ： 65 領先 12 分。見此情形，不管是場邊的解說員，還是電視機前的評論員們，都已開始為系列賽後續如何發展打起了腹稿。而總比分領先還握有一個主場的熱火隊貌似也顯得意興闌珊。

就在此時，風雲突變。在公牛隊領先到 12 分僅 10 秒後，系列賽一直飽受膝傷困擾的韋德祭出招牌式突破，迅速拿下 2 分。隨後，羅斯傳球被韋德抄截，後者轉過頭來快攻得手，哨聲大作，羅斯犯規，2+1，但韋德加罰未中。

一股微妙的氣氛在場上蔓延開來。隨後，泰·吉布森 (Taj Gibson) 跳投偏出，「詹韋」連線，詹姆斯在三分線外手起刀落，分差瞬間被縮小到 5 分，此時距比賽結束還有 2 分 07 秒。

見此情形，羅斯奮力突破拿下 2 分，但尚未能安撫浮動的軍心，他卻鑄成大錯。1 分 30 秒，又是「詹韋」連線，這回換韋德出手。就在他投出的三分以優美的弧線落入網中時，刺耳的哨聲再響，羅斯的手觸碰到韋德的肘部，3+1 ！

恍惚間，聯合中心體育館的球迷貌似時空穿越到 12 年前的麥迪遜廣場花園。1999 年東決 G3，尼克隊前鋒賴瑞·強森 (Larry Johnson) 也曾在終場前 5.7 秒完成「打四分」，率尼克隊死裡逃生，最終以 4 ： 2 晉級。和「大媽」一樣，韋德也笑納大禮。

羅斯越發急躁，跳投未果，隨後又失誤，詹姆斯藉機連

得 5 分，熱火隊在終場前 30 秒反超。此時公牛隊眾將已身處絕望的邊緣。20 秒暫停後，羅斯造成詹姆斯犯規，卻鬼使神差地 2 罰 1 中。波許 2 罰 2 中後，羅斯絕望的三分又被詹姆斯一掌扇飛，芝加哥球迷被迫看著對手在聯合中心體育館慶祝加冕東區冠軍。熱火隊用一波 18：3，讓芝加哥遭遇了悲慘的「黑色三分鐘」。

夢猶未醒

　　沒有更多的言語可以撫慰受傷的心靈。2011 年東決，羅斯場均得到 23.4 分，4 個籃板，6.6 次助攻，但總命中率僅為 35%，三分命中率更是離譜的 23.3%。芝加哥球迷不忍苛責他們的 MVP，他們樂觀地認為，羅斯畢竟還年輕，還有的是時間率公牛隊再創輝煌。誰也不會料到，2011 年季後賽竟然成為迄今為止，羅斯最為成功的一屆季後賽了。

　　正所謂「矗立在地球的兩極，不管向哪邊邁出一步，都會走向相反的方向。」古人也在詩中感嘆：「人生得意須盡歡，莫使金樽空對月。」《薛西弗斯神話》（*The Myth of Sisyphus*）中，薛西弗斯將大石推至山頂的唯一結局，是目送大石再次滾下山去。春風桃李花開日，白馬銀槍少年時，縱橫馳騁何雄哉，不覺天邊日遲遲。

羅斯是幸運的，擁有了生涯最精彩賽季，彪炳史冊，流芳後世；羅斯又是不幸的，最精彩賽季同時也是生涯最大轉折的前奏。羅斯的 2010 到 2011 賽季就這樣踏著歡快的腳步蹦蹦跳跳而去，只留羅斯棲身於「風之城」巨大的剪影中。天亮了，夢未醒。

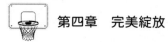 第四章　完美綻放

第五章　風城之殤（上）

▌第一節　羅斯條款

　　在度過了波瀾壯闊的 2010 到 2011 賽季後，一場突如其來的風暴席捲了整個 NBA，而羅斯在 2011 年也將以別具一格的方式，將自己的名字留在 NBA 歷史上。

停擺風波

　　2010 年休賽期，詹姆斯南下邁阿密，熱火隊三巨頭威震聯盟。熱火隊的「一夜暴富」使得現行勞資協定也成了各隊老闆的眼中釘、肉中刺，他們紛紛呼籲聯盟出手干預類似的巨星組團。

　　其後，2010 到 2011 賽季如火如荼般展開，但一股暗流已在地底湧動。2011 年全明星週末期間，聯盟高層透露，聯盟每年虧損赤字已達 3 億美元，處於虧損狀態的球隊多達 22 支，為此他們希望將球員薪水占比降到 50% 以下，同時效法 NFL（National Football League，國家美式足球聯盟）和 NHL（National Hockey League，國家冰球聯盟）發表薪資上限。這兩項也成為當年勞資談判最核心的兩大議題。

　　在舊版勞資協定施行的最後一天，即 6 月 30 日，勞資談判破裂，停擺在 7 月 1 日正式到來。受到 NBA 停擺衝擊最大的無疑是球員。一時間，全美各地的次級別賽事和地方性

賽事突然湧入了大量的 NBA 球星。還有一些中低收入球員紛紛選擇前往海外聯賽淘金，據統計一共有超過 70 名球員遠渡重洋。

轉機說來就來。11 月 26 日，經過 15 個小時艱苦的拉鋸戰，勞資雙方達成協定，球員同意將薪資占比降至 51.2%，接下來數年調整幅度在 49% 到 51% 之間浮動。12 月 8 日，新版勞資協定正式達成，宣告長達 149 天的停擺結束。

2011 到 2012 賽季例行賽季被縮短到 66 場，休賽期和訓練營同時在 12 月 9 日開啟，6 天後的 12 月 25 日，例行賽就將烽煙再起。如此緊促，使得球員們無法擁有充足的訓練和備戰時間，超負荷運轉又加劇了受傷的風險。

喜獲頂薪

不過，羅斯當時尚未意識到，聯盟這 149 天發生的一切，將會對他的生涯產生多麼重大的影響。就在新版勞資協定達成後沒多久，公牛隊奉上了一份五年 9,480 萬美元的頂薪合約，羅斯欣然提筆簽上了自己的大名。

如此禮遇，在當時看來順理成章，但就在數年前卻還只是羅斯和其家人一個遙不可及的夢想。能情定家鄉球隊，能在這裡當選 MVP，還能在這裡續簽頂薪合約，這樣的故事完

美得令人難以置信，宛如在童話中。而對芝加哥而言，羅斯自然就是童話中那個生出雙翅的守護天使。

羅斯頂薪續約，也讓一個新名詞自此步入 NBA 歷史。

以「玫瑰」之名

在 2011 年底達成的新版勞資協定中，有一項專為處於新秀合約期內的球員而設的條款，這就是「羅斯條款」。羅斯並非第一個使用這個條款的球員，但能讓 NBA 新出爐的條款標上自己的大名，對羅斯而言仍是莫大的榮耀。

該條款是指一名球員在新秀合約結束，簽訂生涯第二份合約時，能夠得到一份起薪占頂薪薪資上限 30% 的頂薪合約，但需要滿足以下任意一個條件：在新秀合約期內當選過例行賽 MVP，或兩次被選為全明星先發，或兩次入選年度最佳陣容（從一隊到三隊皆可）。由於當時符合條件的僅羅斯一人，故被稱為「羅斯條款」。

聯盟推出「羅斯條款」的意義在於，可以讓那些在新秀合約期內明顯優於同儕的菜鳥，能獲得額外獎勵，而不用在新秀合約到期後，必須按「指定球員條款」獲得起薪占薪資上限 25% 的新合約。

其實，在 2011 年新版勞資協定中，「羅斯條款」屬於「指

定球員條款」的一種，是在滿足特定條件下的一種更新。而「指定球員條款」相比過去最大的變化，就是允許球隊可以和本隊新秀續簽一份為期五年的頂薪合約，而非四年。

不管是「羅斯條款」中的起薪占頂薪薪資上限 30%，還是「指定球員條款」中規定的五年合約年限，都可以看出，其實聯盟在獎勵「出名要趁早」的青年才俊的同時，也在為母隊留下這些青年才俊創造更有利條件，初衷自然還是為了幫扶小城市球隊，使他們在和新秀商談續約時，至少在新合約的金額和年限上能獲得其他追逐者沒有的優勢。

前人栽樹後人乘涼

不過，如果考慮到第一位受益者，這個條款或許該更名為「杜蘭特條款」。

在「羅斯條款」發表前的 2010 年休賽期，杜蘭特已和雷霆續簽了一份五年 8,600 萬美元的新合約，將在 2011-2012 賽季生效。但在 2010 到 2011 賽季，仍處於新秀合約期內的杜蘭特第 2 次入選最佳一隊，達到了觸發「羅斯條款」的條件。最終，聯盟出面掏腰包，補足了杜蘭特多出來的 1,250 萬美元薪資，但要計入到雷霆隊的薪資空間。

坊間有一種說法，正是多出來的這 1,250 萬美元，成為

「壓垮駱駝的最後一根稻草」。2012 年休賽期，同時面臨伊巴卡（Serge Ibaka）和哈登（James Harden）續約問題的雷霆隊，因不願繳納奢侈稅，被迫將哈登送至火箭隊。說「雷霆三少」的未來被「羅斯條款」扼殺在襁褓中，並不為過。

這還使威斯布魯克成為迄今唯一放棄啟用「羅斯條款」的球員。2010 到 2011 賽季，威斯布魯克入選最佳陣容第二隊，但雷霆僅給他開出一份年限五年、起薪占薪資上限 25% 的合約。為球隊考慮，在 2011 到 2012 賽季連續入選最佳二隊的威斯布魯克對「羅斯條款」說了不。可惜，他的犧牲並未留住哈登。

格里芬（Blake Griffin）、保羅 · 喬治（Paul George）和利拉德（Damian Lillard）也相繼成為「羅斯條款」的受益人。

2012 年休賽期，格里芬以五年 9,500 萬合約續約快艇隊。當時格里芬在 2011 到 2012 賽季已入選最佳二隊，而 2012 到 2013 賽季他連續入選，並連續兩個賽季成為全明星先發，啟用「羅斯條款」。

2013 年，喬治也獲得了同等待遇。2012-2013 賽季，喬治入選最佳三隊。於是，在 2013 年休賽期，溜馬隊也奉上了一份附帶獎勵條件的頂薪合約。結果，在 2013 到 2014 賽季喬治再次入選最佳三隊，喜滋滋地將五年 9,000 萬美元的合約盡數收入囊中。

2015 年拓荒者隊為利拉德奉上了總額五年 1.2 億美元且附帶激勵條件的新合約。當時利拉德兩次入選全明星但皆為替補，但已入選了一次最佳三隊。2015 到 2016 賽季，利拉德不負眾望，成功入選最佳二隊，觸發「羅斯條款」。

　　多年後，在做客《丹・派屈克秀》（The Dan Patrick Show）節目時，羅斯曾現身說法談起了「羅斯條款」，他自稱這個條款幫助了初來乍到 NBA 的年輕人，在某種程度上也促進了NBA 的發展，並告訴年輕人：「只要做你該做的事，並能做得很好，就會有更多金錢上的獎勵。」

　　這是羅斯對後輩的勉勵，同時也是對自己的一種肯定。

▍第二節　霉運不斷

　　在古典章回小說中，當書中人物要踏上一段未知的旅程時，有時全知全能的作者會從書中跳出來，稱如果他可以，定會要勸阻書中人物不要前往，因為前路凶險。而如果有球迷從現在穿越回 2011 到 2012 賽季前，肯定也會勸阻羅斯踏上新賽季的征程，至少也要勸他萬分小心。因為這一季對羅斯而言也是凶險之極，他的生涯也就此被生生切斷成兩半。

暗流湧動

　　但在當時，芝加哥卻是一派歌舞昇平。公牛隊雖未能闖入總決賽，但13年來首次進入東決足以令人滿意。羅斯成為新科例行賽MVP，還在2011年休賽期以一紙五年頂薪合約，將自己的未來五年都託付給了「風之城」。自喬丹退役後，芝加哥的前景從未如此光明。大家樂在其中，沒人會留意到在風之城的地下早已暗流湧動，只待一個時機就將噴薄而出。

　　2011年聖誕節貌似又渲染了這種歡快的氣氛，2011到2012賽季就這樣踏著輕盈的腳步而來。揭幕戰，羅斯13中9，其中三分6中4，得到22分，5次助攻，率隊在斯臺普斯體育館一分險勝湖人隊，從客場凱旋。該場，羅斯在終場前4.8秒拋投命中準絕殺，科比則錯失絕殺，讓他該場所得的28分，7個籃板，6次助攻打了水漂。

　　儘管第2場不敵勇士隊，但公牛隊隨後卻是連勝一波接著一波。6連勝被終結後，5連勝接踵而至，隨後又是4連勝，取得了16勝3負的完美開局。

　　只是羅斯卻在此時出了些狀況。連續出戰了前11場比賽後，他在1月11日對陣華盛頓巫師隊的比賽中作壁上觀；復出參加了2場後，他又連續缺席1月16日至21日的4場比賽，但公牛隊卻取得3勝1負。當時的人們尚不知，打打停

停會成為這個賽季羅斯的常態。

連續出戰了 10 場後,從 2 月 10 日到 18 日,羅斯又連續 5 場高掛免戰牌,公牛隊取得 3 勝 2 負。接著連續出戰 11 場後,羅斯請了本季最長的假,從 3 月 14 日到 4 月 10 日,連續 14 場比賽他缺席了 13 場,其間連續缺席的場次更達到了 12 場。而從 4 月 16 日到例行賽最後這 6 場,他也僅出戰了 2 場。

由此算下來,該賽季 66 場比賽,羅斯出戰 39 場,出勤率僅為 59%。如果換算成完整的 82 場,那麼羅斯的出場數甚至不足 50 場。這 39 場,羅斯場均出戰 35.3 分鐘,得到 21.8 分,3.4 個籃板,7.9 次助攻,總命中率 43.5%,三分命中率 31.2%。和上個賽季相比,他的場均出場時間、得分、籃板和兩項命中率都出現了下滑,唯有助攻再攀新高,締造生涯新紀錄。

不祥之兆

2012 年全明星投票也彰顯了羅斯的超高人氣。他連續第 2 年被選為全明星先發,共得到 1,514,723 張選票,在聯盟高居第三,僅次於「票王」、當年全明星東道主的霍華德 (1,600,390 張選票) 和科比 (1,555,479 張選票)。

2 月 26 日，在奧蘭多進行的全明星正賽上，羅斯和詹姆斯、韋德、霍華德、安東尼聯袂先發出場，他出戰 18 分 17 秒，8 投 6 中，其中三分 2 中 2，得到 14 分，3 次助攻。全明星賽 MVP 由率領西區明星隊以 152：149 戰勝東區明星隊，且全場 25 投 14 中，拿下 36 分，7 個籃板，3 次助攻，3 次抄截，的杜蘭特所獲得。

但如今提到羅斯的 2011 到 2012 賽季，人們腦海中還是首先會蹦出「傷病」這個討厭的字眼。該賽季也的確是羅斯的傷病開始集中爆發的一年。翻開羅斯的傷病史，會發現以下這些怵目驚心的紀錄：2012 年 1 月 11 日和 16 日，羅斯左腳大拇指 2 次扭傷，共停賽 5 場；2 月 10 日，羅斯背部痙攣，停賽 5 場；3 月 14 日，羅斯腹股溝拉傷，停賽 12 場；4 月 10 日，羅斯右腳踝扭傷，停賽 1 場；4 月 16 日，羅斯右腳疼痛，停賽 3 場。

再來作一番對比則更令人唏噓。在 2011 到 2012 賽季前，羅斯僅有 3 次因傷缺席，合計僅缺席 6 場，分別是：2009 年 3 月 24 日右手腕受傷，停賽 1 場；2010 年 3 月 12 日，左手腕扭傷，停賽 4 場；同年 11 月 26 日脖子受傷，停賽 1 場。換句話說，生涯前 3 季堪稱金剛不壞之身的羅斯，卻在 2011 到 2012 賽季霉運當頭。

涓涓細流匯聚，終有令堤壩決口的那一天。羅斯在 2011

到 2012 賽季持續不斷的小傷累積，終於臨近了爆發的那一天。

羅斯全明星賽詳細數據

賽季	2009-2010	2010-2011	2011-2012
先發	0	1	1
時間	15.0	29.0	18.0
投籃命中率	50.00%	38.50%	75.00%
籃板	0	3	1
助攻	4	5	3
抄截	3	1	0
阻攻	0	0	0
失誤	1	1	2
犯規	0	0	1
得分	8	11	14

▌第三節　生涯分水嶺（上）

　　在 NBA 史上不乏被傷病毀掉的天才，球迷們對此可謂如數家珍。從在 NCAA 風光無限的比爾‧沃頓（Bill Walton），到先後被冠以「喬丹接班人」的格蘭特‧希爾（Grant Hill）和「一分錢」哈德威（Anfernee Hardaway）；從在拓荒者曇花一現的布蘭頓‧羅伊（Brandon Roy），到 2007 年選秀狀元格雷格‧

奧登（Greg Oden）。而在這份長長的名單中，我們很不幸地看
到了羅斯的名字。

不願回首的一幕

　　後來談及羅斯在 2012 年首輪 G1 的那次重傷，當時效
力公牛隊的諾亞曾堅稱，這斷送了公牛隊在該賽季的奪冠希
望。他相信，如果羅斯沒傷，2012 年總冠軍獎盃不會被捧回
邁阿密。「直到今天我也堅持認為，（公牛隊奪冠）是毫無疑
問的，畢竟當時根本沒有球隊能夠戰勝我們。」諾亞說。

　　看過 2011 到 2012 賽季季後賽開打前的形勢，就可知諾
亞並非是在信口開河。在那個縮水賽季，公牛隊取得 50 勝
16 負，勝率 75.8%，和西區的馬刺隊持平，又因為勝負關
係（公牛隊在賽季中曾擊敗過馬刺隊），而得以獨享聯盟第
一。這意味著，從首輪到總決賽，公牛隊將享有全部的主場
優勢。這對於該賽季主場勝率高達 78.8% 的公牛隊而言，將
是他們爭冠路上的一大利好。更何況，他們還將擁有健康的
羅斯。

　　公牛隊首輪的對手將是東區第八、例行賽 35 勝 31 負的
76 人隊。當時的 76 人隊尚未進入暗無天日的擺爛時期，球
隊由安德烈・伊戈達拉（Andre Iguodala）、艾爾頓・布蘭德、

朱‧哈勒戴（Jrue Holiday）、賽迪斯‧楊（Thaddeus Young）和路易斯‧威廉斯（Louis Williams）等球員領銜，防守效率高居聯盟前三，但進攻效率僅排第 20 位，典型的重守輕攻。

這樣的對手對於公牛隊而言是難以構成實質威脅的，首輪也被視為走過場。一切也正如人們賽前所料。前三節戰罷，公牛隊已領先 13 分。終場前 7 分 53 秒，公牛隊領先 16 分，大家本以為本場將進入漫長的垃圾時間，但在看到身穿公牛隊 1 號球衣的羅斯走向場邊準備替換隊友時，大家突然有了精神，同時還有些狐疑。

沒錯，在公牛隊基本拿下比賽的時候，本該提前休息的羅斯又重新披掛上陣。而且他可不是來打醬油的。登場後，羅斯立刻連續送出助攻，羅爾‧丹恩和柯佛接連跳投得手，後者投桃報李，羅斯也命中投籃。隨後，眼看比賽大局已定，公牛隊卻沒有絲毫要將羅斯換下的意思，就這樣拖到終場前還剩 1 分 22 秒時，終於出事了。

當時，羅斯持球推進到籃下，面對 76 人隊大中鋒斯賓塞‧霍伊斯（Spencer Hawes），羅斯一個假動作，突然向右側一個跳步，閃到了霍伊斯左側的空當。但此時，羅斯的左腿卻突然一個趔趄，隨後他面對布蘭德勉強跳起，然後重重摔倒在地板上，手捂著左膝，表情痛苦，許久未能起身。

眼看情況不妙，76 人隊呼叫暫停，隊友和隊醫急忙聚攏

來檢視羅斯的傷情，隨後羅斯被迫離場，被送往醫院，不久公牛隊就聽到了他們最不願聽到的消息。而當球迷們從公牛隊官方獲悉，羅斯因左膝前交叉韌帶撕裂而賽季報銷的消息時，無不心如死灰。半個月後，羅斯接受了手術，預計恢復期 8 到 12 個月。

罪魁禍首

其實，翻開此前羅斯的傷病史，他並非是一位常年流連病榻的傷號，反而他的病歷本可謂乾乾淨淨。考慮到羅斯那長驅直入、偏重於持球突破的硬朗球風，這多少是有些出人意料的。不過，羅斯對縮水賽季的緊密賽程顯然猜想不足，在例行賽期間就小傷不斷，而更令羅斯鬱悶的是，他甚至來不及喘上一口氣。為此，羅斯一度歸咎於 NBA 總裁斯特恩，將「貪婪」這一形容詞安在他的頭上。

其實，羅斯這次重傷，或許還要更多從自身找原因。正所謂見微知著，從 2011 到 2012 賽季一些細微的變化上，我們或可一窺羅斯遭此磨難的真因。

從出手分布上來看，2011 到 2012 賽季羅斯在籃下 3 英呎和距籃框 3 到 10 英呎這兩大區域的出手占比，分別達到 31.7% 和 18.3%，後者締造生涯新高，前者也創羅斯生涯當

時的第二高紀錄，僅次於菜鳥賽季的 39.2%。同時，該賽季羅斯的兩分球受助攻率（17.3%）和三分球受助攻率（50%）卻都創生涯新低。

　　這意味著，羅斯在本季再次增加了突破到籃下的進攻比重，且持球完成突破的比例也進一步上升，無球的戲份進一步縮減。也就是說，2011 到 2012 賽季羅斯將自己素來慣有的持球突破型打法，又向前推進了一步。偏偏這樣的推進還是發生在賽程密集的縮水賽季，自然加劇了身體的負荷和損耗。

　　此外，該賽季公牛隊貴為例行賽頭名，羅斯又加冕 MVP，外界的期待也由此被調高。而公牛隊自從喬丹於 1998 年退役後，對總冠軍的渴求已臻於頂點。芝加哥球迷無不翹首以盼，巴望著羅斯能帶他們重返曾經令他們無比熟悉的舞臺。在這種高期待下，帶傷出戰對羅斯而言也就成了家常便飯。

　　2002 年世界盃，衛冕冠軍法國隊竟在小組賽打道回府，某知名媒體曾為此冠上一個令人動容的標題：「為席丹哭泣」。但尼克隊球星派屈克‧尤因（Patrick Ewing）在談到終生無冠時，也曾說過一句名言：「我不會為打翻一杯牛奶而哭泣。」或許，在羅斯生涯最重大轉折面前，眼淚真心是廉價的。

▍第四節　生涯分水嶺（下）

羅斯重傷報銷，如同小行星撞擊地球，掀起了瀰漫全球的滔天巨浪。

眾矢之的

當時的人們還不習慣從羅斯身上找原因，公牛隊教練錫伯杜隨即成為眾矢之的。大家紛紛質疑他為何讓例行賽期間就傷病不斷的羅斯，在勝負已定的情況下，還在場上出戰這麼久的時間？面對記者的長槍短炮，錫伯杜回應稱，在第四節還剩 7 分 52 秒時，羅斯是應該出場的，公牛隊得依靠他來給比賽畫上一個句號。錫伯杜承認，他們當時並沒有很好地處理相關事宜，這就是他所有的想法。

活塞隊冠軍隊主力、當時效力公牛隊的「面具俠」理查．漢密爾頓（Richard Hamilton）為錫伯杜辯護稱，在羅斯受傷前，最多曾落後 20 分的 76 人隊已頑強地將分差迫近到 12 分，這是錫伯杜不敢將羅斯換下場的原因，而悲劇就在此刻發生。「當時 76 人隊掀起反撲，而在季後賽比賽中，你永遠不想給對手信心，」漢密爾頓說，「絕不能讓對手重新覺得比賽有戲，不能讓他們打出小高潮，因此我們需要有球員能將球送進籃框。」

諾亞也在提及往事時為教練開脫。他稱錫伯杜就是最優秀的教練，也是一名鬥士，他們的關係一直很好，他對當時公牛隊的將帥只有愛，但的確是傷病讓那支公牛隊偏離了正確的軌道。羅爾·丹恩也說：「我不知道你們為何要質疑教練，這可是一場季後賽，你必須親手終結比賽。即便你領先，你也至少得和他們再見 3 次面。德瑞克當時打得不錯，我們希望他繼續保持比賽節奏。」

時任 76 人隊教練道格·柯林斯也為對手教練撐腰。「首先要明確的一點是，錫伯杜是前一季的年度最佳教練，」柯林斯說，「他知道該怎麼執教球隊。他是我的朋友，我對他抱有很大敬意。從他的角度來看，他只是想要以他認可的方式來終結比賽罷了。德瑞克受傷令人難過，因為我總是想要和最強的對手對決。」

錯過就是永遠

不過，即便在公牛隊內部，對錫伯杜的質疑也未曾停止。在該賽季例行賽中，目睹羅斯打打停停，公牛隊老闆傑瑞·雷因斯多夫（Jerry Reinsdorf）就曾在 2012 年 2 月表示，他有時也對羅斯是否該堅持比賽心存疑慮。

在接受 ESPN 駐芝加哥記者梅麗莎·伊薩克森採訪時，

雷因斯多夫曾說：「有些人會邊看比賽邊想：『為什麼你們還不讓他休息？』我也是其中之一。當年喬丹還是球員時，他也是在比賽末尾已大比分領先時還待在場上。我當時曾問過菲爾‧傑克森（Phil Jackson）：『為什麼你不把他換下來？』菲爾卻回答：『當年我效力尼克隊時，曾有一次對手在比賽末尾連得 23 分，把我們贏了。』反正我說的話，菲爾是一句也聽不進去。」

其實，自從 3 月 12 日受傷以來，羅斯就從未連續出戰超過 2 場比賽。布瑟談到此，無比心疼羅斯。「這簡直是太難了，」布瑟言語中隱約流露出對錫伯杜的不滿，「德瑞克簡直是連鬆口氣的機會都沒有。我很同情他，他這個賽季真是一刻也不能歇。」失去羅斯，也讓公牛隊在首輪 G1 獲勝後陷入了死寂。柯佛直言：「這是最令人難過的勝利。但不管怎樣，我們得繼續努力。本季我們打過多場沒有德瑞克的比賽，或許這有助於我們備戰。」

但柯佛對形勢的猜想仍過於樂觀了。沒有羅斯的公牛隊接下來連敗 3 場。退無可退的他們在 G5 拚死一搏，奪回一勝，但也不過是苟延殘喘罷了。最終，身為該季奪冠大熱門的公牛隊，就這樣令人遺憾地在首輪被 76 人隊以 4：2 淘汰。這是 NBA 史上第 5 次「黑八」，是距現在最近的一次，同時也被認為是最悲慘的一次。

羅斯這次重傷對聯盟格局的影響是深遠的。公牛隊自喬丹退役後復興的夢想就此被束之高閣，擁有三巨頭的熱火隊也藉此避開了奪冠路上的一大勁敵，詹姆斯也就此開啟了對東區長達 8 年的統治。

　　曾經，羅斯是詹姆斯在東區最強勁的對手之一，曾從詹姆斯那裡虎口奪食，奪得了 2011 年 MVP。然而，MVP 可奪，冠軍獎盃卻不可奪，詹姆斯將其牢牢掌握在手中，羅斯也只能徒喚奈何。多年後，羅斯或許才明白，有些人，有些事，一旦錯過就是永遠。

第五章　風城之殤（上）

第六章　風城之殤（下）

▌第一節　復出還是等待

對於重傷的 NBA 球員而言，身體上的傷痛難以克服，心理上的障礙更難跨越。要想邁過心理關卡，既需要自身強大，也需要身邊人的理解。不過，在 2012 到 2013 賽季，圍繞羅斯是否該復出一事，羅斯身邊出現了不和諧的聲音，他和公牛隊的關係貌似也並非固若金湯。

心傷難癒

2012 年 5 月 12 日，羅斯接受手術，術後預計恢復期為 8 到 12 個月。到了 2013 年 1 月，羅斯已可以接受全對抗訓練。到了 3 月，更傳出了一則令芝加哥球迷振奮的消息，醫生為羅斯開了綠燈，認為他已痊癒，可以復出參賽，且不會輕易復發。

但羅斯的態度卻令人玩味。在接受 ESPN 記者多麗絲·伯克（Doris Burke）採訪時，羅斯堅稱自己尚未 100% 恢復，仍沒有足夠的信心重新投入到比賽中。他承認的確在過去數月都在進行全對抗訓練，但外人不知的是，每次訓練結束後，他的腿部肌肉都會出現「燒灼感」。

針對網上流出他已能用左腳起跳扣籃的錄影，羅斯回應稱，錄影不是假的，但他用左腿起跳時並非那麼自如。因

此，儘管有媒體預測羅斯會在 3 月中旬復出，但人們都過於樂觀了。

　　羅斯的態度引起爭議。在人們的刻板印象中，一名重傷的球星在談及恢復進度時，僅能有兩種意見可表達：一是恢復過程太無聊，迫不及待重返賽場；二是看著隊友場上廝殺卻無能為力，感覺很難熬。大家總是樂於看到球星躍躍欲試，積極求戰，卻被球隊死死摁住的場面，認為球星這麼做才是喜聞樂見的。

　　因此，羅斯沒有在醫生點頭後歡天喜地復出，反而躲躲閃閃，這是令人不解的。立刻有傳言流出，稱羅斯因復出一事和公牛隊高層產生不快，甚至羅斯的二哥雷吉還跳出來，炮轟公牛隊高層不負責任。

缺席的賽季

　　公牛隊總經理福爾曼（Gar Forman）被迫出面予以澄清。在接受《芝加哥論壇報》採訪時，福爾曼堅稱，公牛隊和羅斯之間不存在任何衝突，反而一直保持積極溝通。羅斯的傷情並未出現反覆，每天都在見好，在復出日期上雙方是一致的。但福爾曼拒絕對醫生許可羅斯復出一事做出回應。

　　公牛隊教練錫伯杜也在談及羅斯復出日期時表示：「等時

機成熟了，德瑞克自然會復出。如今，我們隊內還能參賽的球員們要保持專注，做好備戰，德瑞克也要專注於恢復。」

　　球迷們希望羅斯復出，是認為他的復出能給公牛隊打一劑強心針，去挑戰衛冕冠軍熱火隊。但 ESPN 駐芝加哥記者麥可·威爾伯恩卻勸說羅斯三思，畢竟 2012 到 2013 賽季的熱火隊勢頭強勁，羅斯即便復出，也只能淪為熱火隊衛冕的背景。與其這樣，不如等血槽滿格後再復出。他這一番話說到了羅斯心坎上。

　　由此，直到 2013 年東區次輪公牛隊 1：4 再次倒在熱火隊腳下為止，球迷們都沒再看到羅斯的身影。

悲劇的前夜

　　羅斯的再度亮相拖到了 2013 年季前賽。10 月 5 日，在對陣溜馬隊的比賽中，他出戰 20 分鐘拿下 13 分，此時距他在 2012 年首輪告別賽場，已過去了 17 個月。11 天後，羅斯傷後首次重返芝加哥，在對陣活塞隊的比賽中得到 22 分。

　　賽後，羅斯略帶欣喜地說：「我覺得現在我的爆發力更強了，身體對抗能力也提升了些許。此外，我貌似也跳得更高了。他們曾測過我的垂直彈跳，真的高了 5 英寸。」

　　即便只是季前賽，但看到自己場均 20.7 分，5 次助攻的

成績單，羅斯仍有理由開心。10 月 29 日揭幕戰對陣熱火隊，
是羅斯重傷後參加的首場例行賽，他 15 投中 4（三分 7 中 1）
得到 12 分，4 次助攻，失誤 5 次。一切證明他仍需時間。

　　誰也沒料到，羅斯的狀態恢復得如此之快。10 月 31 日，
賽季第二場，主場對陣卡梅羅‧安東尼（Carmelo Anthony）領
軍的尼克隊，羅斯儘管 23 投僅 7 中，卻奉獻了令人血脈賁張
的一幕。

　　終場前 11 秒，泰森‧錢德勒（Tyson Chandler）2 罰 1 中，
尼克隊以 81 ： 80 領先。羅斯持球從側翼迅速殺至籃下，在
錢德勒和雷蒙德‧費爾頓（Raymond Felton）跳起封堵前，羅
斯迅速出手拋投，球應聲入網，完成準絕殺。費爾頓見狀攤
開雙手，一臉無奈。隨後，安東尼和錢德勒兩次絕殺未果，
公牛隊笑到最後。賽後，羅斯興奮地說：「我就是需要這樣
的進球來重塑信心，這將是我生涯的又一座里程碑。」

　　當時，沒人會料到，22 天後，羅斯的 2013 到 2014 賽季
仍將以悲劇收場。

▎第二節　再度重傷

　　久疏戰陣的球星回到賽場，總要面對艱難的挑戰，除了
重拾昔日的狀態外，也得重新用精彩表現挽回球迷的心，畢

竟球迷大多是健忘而缺乏寬容的。2013 到 2014 賽季初的羅斯就是如此。正因為此，他才會為區區季前賽的表現而無比欣喜；正因為此，他才會為一場例行賽的準絕殺而激動不已。但也正是在這個賽季，羅斯明白了何為「心強命不強」。

陰霾重現

在對陣尼克隊的比賽中完成準絕殺後，公牛隊連敗給 76 人隊和溜馬隊，但隨後卻打出一波久違的 5 連勝。在此期間，羅斯的表現起伏不定，還曾因為腿筋疼痛而缺席過一場比賽。翻開羅斯該賽季前 9 場的數據統計，其表現是令人大搖其頭的。他場均得到 15.4 分，3 個籃板，4.4 次助攻，總命中率 35.9%，三分命中率 33.3%。球迷明白，這不是羅斯的真實水準，昔日的 MVP 仍離他們有十萬八千里。

但最終他們也沒等來 MVP 歸來的這一天。2013 年 11 月 23 日，公牛隊迎來 6 連客的第 2 場，同時也是背靠背第 2 場，對手是拓荒者隊。剛從丹佛雪域高原上走下的羅斯來不及休整，就重新投入到比賽中。若在當今，像羅斯這種情況，大多會被球隊安排輪休，何況前一場他還出戰了 33 分鐘，但在當時，公牛隊並沒有這方面的打算。

於是，人們不願看到的一幕再度上演。本場上半場，羅

斯 16 投 5 中，得到 17 分，4 個籃板，公牛隊領先 15 分，形勢很好。但在第三節還剩 3 分 30 秒時，場上風雲突變。諾亞傳球給羅斯，卻被尼古拉斯·巴頓（Nicolas Batum）斷掉，羅斯立刻轉身想要回防，卻在沒有任何身體接觸的情況下受傷，只能在場上踮步前行，已無暇顧及對手。在衛斯理·馬修斯（Wesley Matthews）跳投未果後，科克·辛里奇抓下籃板，公牛隊立刻呼叫暫停。

　　隨後，羅斯在場邊做了簡單治療後，被迫戴上護具，在工作人員的攙扶下退出比賽。他再出現在人們面前時已換上了休閒服，拄上了枴杖。公牛隊方面初步傳出的消息是，羅斯將不會參加 6 連客剩餘的 4 場比賽。

　　隔天，公牛隊更新了羅斯的傷情，透過在洛杉磯進行的核磁共振檢查，發現羅斯的左膝內側半月板撕裂，將在近日內重返芝加哥接受手術。當這樣一條怵目驚心的消息出現在球迷眼前時，他們的心又涼了半截。大家都明白，這意味著羅斯的 2013 到 2014 賽季又提前畫上了句號。

逃不出的深淵

　　本來，如果一切正常的話，羅斯將隨公牛隊在 11 月 24 日客場挑戰快艇隊。當時效力於快艇隊的布雷克·格里芬，

在 2012 年 7 月隨美國男籃備戰奧運時也曾膝蓋內側半月板撕裂。因此，談到羅斯的傷情，他也感同身受。「我為德瑞克而難過，」格里芬說，「你永遠也不會想看到任何球員像這樣倒下。曾經，我也經歷過一連串的膝蓋傷病，半月板也曾撕裂過。好消息是，據悉德瑞克這次受的傷，並不像上一次那麼嚴重。我會為他送上最誠摯的祝福。」

羅斯的這次受傷，也不由得令人心生狐疑：難道他就要從此淪為玻璃人了嗎？畢竟，在短短一年半的時間內，羅斯的兩個膝蓋竟全部遭遇重傷，此前是左膝前交叉韌帶撕裂，這回則輪到了右膝內側半月板撕裂。

更令人無語的是，此前羅斯為了養傷足足花了一個賽季，表現出極大的耐心和謹慎。饒是如此，傷病仍沒打算放過他。儘管兩次受傷程度不一，但誰也拿不準，下次傷癒歸來後，羅斯又能堅持多久？當時，甚至已有人提議公牛隊交易羅斯。

事已至此，公牛隊也只能硬著頭皮繼續上路。例行賽結束，公牛隊以 48 勝 34 負位居東區第五，在首輪遭遇東區第四，由「黃金後場」約翰‧沃爾（John Wall）和布拉德利‧比爾（Bradley Beal）所領銜的華盛頓巫師隊。公牛隊很快陷入了 1：3 落後的絕境，G5 中他們也沒能翻過身來，全場僅得到可憐的 69 分，命中率跌至 33.3%，已是一副丟盔棄甲的模樣。

羅斯的連續傷停，讓公牛隊再次失去了挑戰東區王座的良機。2014 年休賽期，率熱火隊衝擊三連冠失利的詹姆斯重返克里夫蘭，攜手凱里・厄文（Kyrie Irving）和凱文・洛夫，形成了騎士隊三巨頭。眼看同處中部賽區的騎士隊重新崛起，公牛隊將帥也油然而生了一種「臥榻之側竟有他人酣睡」的無可奈何感。

羅斯和公牛隊還有重新來過的機會嗎？

▌第三節　玫瑰歸來

羅斯未曾料到，在本該是最美好的年華，他卻要被迫流連病榻，和傷病做無休止的鬥爭。一次次倒下，他又一次次站起；一次次帶來希望，又一次次親手毀掉。魯迅先生曾說：「悲劇是將人生有價值的東西撕碎給人看。」羅斯所撕碎的，不但是自己，還有公牛隊球迷熱切濃烈的希望。

好漢三個幫

2014 到 2015 賽季揭幕戰，羅斯再次宣布：「我回來了！」當天客戰尼克隊，他在麥迪遜廣場花園 7 投 3 中，罰球 8 中 7，得到 13 分，5 次助攻，2 次抄截，公牛隊以 104 ： 80

凱旋。

當然，該場羅斯並非公牛隊最引人矚目的球星，保羅‧加索（Pau Gasol）才是。2014 年休賽期，公牛隊向加索伸出橄欖枝，後者最終駕臨「風之城」。

對此，加索曾說：「我做出這個決定全憑直覺，我覺得芝加哥是最適合我的地方。這是一個艱鉅的挑戰，但我向來能將此轉化為動力，對此我無比期待……科比曾希望我能留下，和他一起退役，這無比誘人。但我的內心深處卻覺得，是該尋找新的刺激，轉變航向，向著嶄新的彼岸重新啟航了。」

加索還曾考慮過馬刺隊。為了勸說他加盟，諾亞行動了起來，羅斯也不像四年前招募詹姆斯時那樣意興闌珊，而是主動致電加索。和洛杉磯、芝加哥兩地都頗有淵源的禪師，也給加索發了條簡訊，寫著：「你一定會愛上芝加哥。」

至少在揭幕戰，加索會讓風之城球迷大呼：「愛了，愛了！」他 11 投 7 中，罰球 8 中 7，得到 21 分，11 個籃板。

再創賽季新高

羅斯仍是打打停停。該季前 13 場，羅斯僅出戰 5 場，從未連續出戰超過 2 場，最長一次連續缺席了 4 場。從 11 月

24 日開始，羅斯才逐漸穩定下來，自此直到 2015 年 2 月底，連續 44 場比賽他僅缺席 3 場，其間不乏佳作奉獻。

都說「君子報仇十年不晚」。12 月 13 日，羅斯再次遭遇拓荒者隊。全場他 24 投 14 中，罰球 3 中 3，拿下創該賽季紀錄的 31 分，還送出 5 次助攻，率隊以 115 ：106 獲勝，狠狠地出了口惡氣。

從 2015 年 1 月 12 日到 2 月 12 日這一個月，羅斯依稀令人瞥見了他昔日的風采。16 場比賽，他場均得到 22.3 分，3.2 個籃板，5.4 次助攻，總命中率 43.8%，三分命中率 34.7%。其間他曾有 3 場得分 30+，最值得銘記的是 1 月 14 日對陣華盛頓巫師隊這場。

當天在聯合中心體育館，儘管公牛隊以 99 ：105 告負，但羅斯卻令芝加哥球迷一掃輸球的鬱悶。他 22 投 12 中，其中三分 9 中 6，罰球 3 中 2，得到 32 分，再創賽季新高，還送出 5 次助攻。本場，羅斯一開始就手感火燙，在首節 9 中 7 砍下 17 分，命中 3 記三分，甚至包括一記從中場位置投出的超遠三分，博得滿堂彩。全場他命中 6 記三分，也重新整理了賽季紀錄。在他的帶動下，公牛隊上半場一度領先 11 分。

然而，羅斯的努力沒有結出豐碩的果實。保羅・皮爾斯和沃爾合力拿下 43 分，華盛頓巫師隊投出高達 51.3% 的命中率，客場凱旋。賽後，本場拿下 17 分的比爾說：「這場勝

利對我們而言無比重要。想要成為菁英級球隊，就必須擊敗東區最出色的球隊。」

羅斯賽後也說：「這就是籃球，不可能要求盡善盡美。我們如今身處逆境，貌似大傢伙都已傾盡全力，只是一切沒照我們所想的那樣發展罷了。」

沒有落幕的悲劇

2 月 12 日，還是在聯合中心，羅斯終於降伏強敵。該場他 24 投 12 中，罰球 6 中 6，得到 30 分，4 個籃板，7 次助攻，率公牛隊以 113：98 大勝騎士隊。該場洛夫告假，詹姆斯和厄文聯袂出場。但厄文 18 投僅 6 中，手感欠佳，儘管詹姆斯 26 投 12 中，拿下 31 分，5 個籃板，4 次助攻，但也出現了多達 8 次失誤，只得繳械。

近年來，詹姆斯和羅斯各自的命運向著不同的方向行進，終成了兩條平行線。這也是自 2011 年東部決賽後，羅斯首次真正意義上擊敗詹姆斯。2012 年 4 月 12 日，公牛隊曾在主場以 96：86 戰勝熱火隊，但該場詹姆斯拿下 30 分，6 個籃板，5 次助攻，羅斯 13 投 1 中僅得 2 分。

羅斯撒開雙腿狂奔，但一種熟悉的感覺重新湧上心頭，一個熟悉的敵人正悄悄靠近，令他不寒而慄。

第四節　第三次膝傷

正所謂「怕什麼來什麼」。看到 2014 到 2015 賽季前半程羅斯的表現漸入佳境，球迷們在歡欣鼓舞之際，心裡也始終有一個揮之不去的陰影，一個聲音在不停追問：「這一次，應該不會了吧？」但在 2015 年 2 月下旬，所有球迷卻發現，一切都是外甥打燈籠 —— 照舊（照舅）。

膝傷猛於虎

2 月 23 日，公牛隊以 87：71 戰勝公鹿隊，拿下兩連勝，以及近 7 場比賽中的第 6 場勝利。但羅斯的表現卻顯得格格不入。他全場 13 投僅 1 中，罰球 6 中 5，僅得 8 分，5 個籃板，8 次助攻。而這也已經是羅斯近 3 場來第 2 次得分未到雙十。一種不祥的預感慢慢地湧上球迷心頭。

球迷的擔心最終成了現實。隔天，公牛隊官方傳出消息，羅斯右膝半月板撕裂，將接受手術。在當天早些時候，就有報導稱羅斯右膝疼痛。後來，羅斯接受了核磁共振檢查，才終於確診。

球迷不會忘記，這已是近年來羅斯第三次遭遇膝蓋重傷了。2012 年首輪 G1，羅斯左膝前交叉韌帶撕裂；缺席了 2012 到 2013 整個季後賽，在 2013 到 2014 賽季將羅斯再度

送上病榻的，是右膝半月板撕裂。儘管有報導稱，第二次膝傷不如前一次那麼嚴重，但這兩次也都導致羅斯賽季報銷。如今，一切宛如昨日重現，難道羅斯又要連續第 3 個賽季在和膝傷的鬥爭中敗下陣來？

據公牛隊官方透露，羅斯這次會缺席多久，將根據手術情況確定。據悉，公牛隊高層和羅斯商議後一致決定，將採取修復受損的半月板的方案，而非直接摘除受損的部分，這樣做有助於延長羅斯的職業生涯。

悲傷成河

羅斯頻繁被傷病光顧，也讓一種懷疑和悲傷的情緒在公牛隊陣中蔓延開來。大家都知道這兩個半賽季的時間羅斯都經歷了什麼，以及他為能重返賽場付出了多少艱辛的努力。從 2012 年 4 月 28 日到 2015 年 2 月 23 日，受到連續 3 次嚴重膝傷影響，羅斯僅出戰了 56 場比賽，沒有出戰過一場季後賽，出勤率僅為 25.3%。

公牛隊高層私下裡也不得不算一筆帳。在這三個賽季中，公牛隊總共要為羅斯支付 5,280 萬美元的薪水，而他們從保險公司那裡得到的理賠僅有大概 1,000 萬美元，僅占 18.9%。雪上加霜的是，由於羅斯此次受傷時，2014 到 2015

賽季例行賽僅剩 25 場，公牛隊將無法從保險公司那裡再得到任何理賠。

按規定，NBA 球員如果舊傷復發，必須連續缺席例行賽達到 41 場，保險公司才會啟動理賠程序。換句話說，不管羅斯還能否在 2014 到 2015 賽季復出，剩餘賽季他的所有薪水必須由公牛隊自掏腰包支付，一個子兒都不能少。

羅斯的第三次膝傷，對公牛隊的爭冠前景也產生不可估量的影響。據博彩公司 Westgate SuperBook 的統計結果顯示，在羅斯受傷後，公牛隊該賽季的奪冠賠率從 8 ：1 驟降到 20 ：1。博彩公司 William Hill 統計結果也顯示，起初奪冠賠率在該賽季僅次於勇士隊的公牛隊，在羅斯傷後，其奪冠賠率迅速下滑。與之相應的，騎士隊的奪冠賠率從 3 ：1 升至 5 ：2，老鷹隊的奪冠賠率也達到了 5 ：1，此前則是 7 ：1。

絕望與希望

NBA 各界也對羅斯第三次膝傷紛紛表達了惋惜之情。同樣曾 3 次動手術修復受損半月板的雷霆球星羅素‧衛斯特布魯克在接受《NBA TV》採訪時直言：「我簡直無話可說。對於這樣一位如此努力的球員而言，這真是太難了，他要一次

一次又一次地經受這一切。」詹姆斯和喬治也相繼釋出推特來安慰羅斯。詹姆斯寫道：「我為德瑞克而難過，抬起你的頭來，堅強起來！」喬治寫道：「太糟了，我要向德瑞克送上祝福。傷病反覆令人痛恨，但就像此前那樣，這絕不會讓你就此消沉下去。」

羅斯在孟菲斯大學的恩師卡利帕里也發推特勉勵昔日的愛徒：「聽說德瑞克再次受傷我很難過。他經歷了太多，本該得到更好的待遇。命運對這麼一個好人竟如此不公。相信德瑞克會將此化為動力。我會每天為他祈禱。」

命運對羅斯是刻薄的，總不肯將希望全部無償地贈予他。或許正如魯迅先生在《野草》中所寫的那樣：「絕望之為虛妄，正與希望相同。」希望和絕望同為虛妄，但面對無盡的暗夜，真的猛士仍舉起了投槍。

第七章　暗夜前行

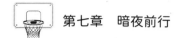

▎第一節　三次膝傷打不倒

再傷後浴血而歸

　　三年內的第三次膝蓋手術，左膝和右膝傷痕累累，再堅強的球員恐怕都會被擊倒，擔憂也籠罩著羅斯團隊和公牛隊。羅斯呢？他依然拒絕向命運低頭。

　　2015 年 4 月 9 日，在等待 44 天後，羅斯再一次浴血而歸。

　　復出後的他看起來和過去沒什麼不同，但比賽細節還是能展現出區別。首戰客場面對魔術隊，羅斯出場 19 分鐘 9 投 3 中，但其中 6 次來自外線（三分球 6 投 1 中）。在最喜歡的內線攻擊上，羅斯只有一次縱貫全場的一條龍突破和一次突破後的急停中投讓人印象深刻。全場，羅斯只拿到 9 分，2 次助攻，卻出現 4 次失誤。久疏戰陣，又是大傷初癒，羅斯的復出首秀難言滿意。從第三節最後 5 分 33 秒被換下，羅斯就一直在替補席上坐到比賽結束。

　　更受打擊的是，公牛隊苦拚全場在最後一刻被魔術隊準絕殺。終場前 6.5 秒，魔術隊後衛奧拉迪波（Victor Oladipo）持球單挑公牛隊前鋒巴特勒（Jimmy Butler），一個向右的胯下變向，奧拉迪波輕鬆突破到公牛隊籃下，在公牛隊球員的封蓋下完成上籃。魔術隊 105：103 領先，留給公牛隊短短

的 1.5 秒！這是羅斯最喜歡的得分方式，但現在，對手卻在公牛隊面前「以彼之道還施彼身」。隨著公牛隊發球失誤，羅斯和公牛隊被迫吞下失利。

背靠背連夜趕赴邁阿密，公牛隊全力準備著和下一個對手熱火隊的比賽。羅斯的出場時間和狀態都與上一場別無二致。20 分鐘裡，羅斯 15 投 5 中，貢獻 12 分，2 次助攻，以及出現 3 次失誤。同樣是在第三節還剩 5 分多鐘時被替換下場坐到比賽結束。不同的是，公牛隊在第三節單節轟出 33：8 的攻擊波後，一舉扭轉乾坤。第四節沒有羅斯的公牛隊，依然穩穩贏下比賽。

面對 76 人隊走出心魔

復出前兩場，羅斯的命中率都只有 33.3%，攻防兩端的輸出都非常有限。昔日的例行賽 MVP、聯盟的天選之子，還能回來嗎？

4 月 12 日對陣 76 人隊，羅斯在復出的第三場裡宣告王者回歸，將前兩場的低迷一掃而盡。回到聯合中心體育館，回到公牛隊的主場，羅斯在全場 22,273 名觀眾「德瑞克‧羅斯」山呼海嘯般的歡呼中完成爆發。首節 6 投 1 中仍在找感覺的羅斯，在第二節找到狀態。5 分 35 秒，公牛隊全員沉到

底線，羅斯拉開單打用一記急停中投為公牛隊追到差 5 分。再攻，好搭檔諾亞的掩護結結實實，羅斯輕鬆加速直殺籃下完成左手上籃。

　　連續兩次打成之後，羅斯的狀態和信心都明顯變得不同。第三節，他在進攻和串聯模式上隨意切換。6 分 45 秒，公牛隊轉換進攻，隊友落位還沒有落穩，羅斯就直接乾拔投中三分，幫助公牛隊反超 3 分直接打停對手。再次突破，他在空中撐著身子完成得分。串聯上，他先後助攻米羅蒂奇（Nikola Mirotic）和保羅・加索投籃得分。因為羅斯，公牛隊悄然完成反超。

　　狀態如此火熱的羅斯，也不再被提前雪藏。第四節的決戰階段，羅斯在最後 6 分 43 秒換下隊友領命登場。登場一分鐘後，羅斯就助攻米羅蒂奇投中三分球，為公牛隊拉開分差。最後四分半鐘，羅斯更是一次次接管比賽。76 人隊追到只差 2 分時，是羅斯強突籃下以一敵二完成換手上籃，不僅球進，還製造對手犯規獲得罰球。76 人隊迅速回敬進攻，公牛隊還是只領先 2 分，這個時候，還是羅斯拉開單打，還是慣用的突破，羅斯又一次加速強突籃下左手上籃。他的速度並不快，但節奏和步幅卻依然威脅十足，也依然難以阻擋。這球打進，公牛隊在最後 3 分 51 秒領先 4 分。

　　生死 2.5 分鐘，羅斯繼續接管比賽。防守端抄截對手

後，羅斯最後 1 分鐘再次讓 76 人隊無可奈何。那一刻，羅斯弧頂持球，隊友右側掩護，但羅斯捕捉到 76 人左側籃下有空檔。假擋切真突破，羅斯一個變向放棄隊友的掩護向左突破。76 人隊顯然也沒有料想到羅斯會這麼選擇，待 76 人補防時羅斯已經進入三秒區，面對對手即將形成的包夾，羅斯轉身拋投一氣呵成，幫助公牛隊 110 ：105 領先，逼迫 76 人隊只能再次暫停。暫停回來，76 人隊追分不力，羅斯助攻隊友籃下打進，比賽就此失去懸念。114 ：107 ！公牛隊拿下比賽。

　　這是一場普通的例行賽，但對羅斯卻非比尋常。自 2011 到 2012 賽季季後賽首輪在 76 人隊面前倒下、職業生涯首次重傷後，這是羅斯在三個賽季裡第二次面對 76 人隊（2012 到 2013 賽季報銷）。2013 到 2014 賽季首次對陣 76 人隊，羅斯 32 分鐘 14 投 4 中得到 13 分，6 次助攻，表現並不理想，8 次失誤和公牛隊告負更讓他備受打擊。但這一次再戰 76 人隊，他不僅帶隊取勝，而且在 76 人隊面前走出傷病心魔。

　　幾經傷病，羅斯每一次的倒下都讓人心頭一震。但每一次起身後，羅斯依然都能在「風城」芝加哥怒放。就像尼采說的那樣，「殺不死我的，只會讓我變得更強大」。這一次，羅斯也宣告「玫瑰再度歸來」，一如既往。

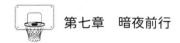

第二節 重返季後賽

三年內的首次季後賽

例行賽最後兩場連勝籃網隊、老鷹隊後，公牛隊帶著 4 連勝和東部第三的排名（50 勝 32 負）在 2014 到 2015 賽季完美結束，連續第 7 個賽季打進季後賽。

但對羅斯來說，季後賽卻是久違的闊別。自 2012 年季後賽首輪第一場就因傷倒下後，羅斯在賽季報銷、復出、受傷、賽季報銷的節奏中徬徨度過兩個賽季。直到這個賽季，羅斯才重返季後賽。

4 月 19 日，羅斯在等待 1,085 天後迎來他三年內的第一次季後賽，對手是例行賽排名東部第六的公鹿隊。但於公牛隊而言，這輪系列賽的難度並不大。

例行賽，公牛隊和公鹿隊四次交鋒三次取勝，擁有明顯的心理優勢。不同於之後的爆發，此時的公鹿隊還只是一支蟄伏中的球隊，季後賽時斷時續。而且，比起擁有羅斯、巴特勒和保羅‧加索的公牛隊，公鹿隊是群龍無首。球隊得分王布蘭登‧奈特（Brandon Knight）在賽季中期被交易，球隊新科榜眼秀賈巴里‧帕克只出場 25 場比賽就因傷賽季報銷，在公鹿隊挑大梁的是被「趕鴨子上架」的米德爾頓（Khris Middleton）、「邁卡威」（Michael Carter-Williams），還有之後

因違反禁藥條例被禁賽的梅奧。「字母哥」（Giannis Antetok-ounmpo），該賽季才迎來 NBA 生涯的第二個賽季，這更是他進入 NBA 後第一次打進季後賽。身材還有些瘦弱的「字母哥」，還遠沒有被開發成日後那個統治力十足的野獸。

挺進東部準決賽

　　系列賽開打後，公牛隊迅速掌控主動權。前兩場，公牛隊很好地利用了主場優勢。首場比賽，公牛隊 103 ： 91 輕鬆取勝。48 分鐘的比賽時間，公牛隊有 40 分 33 秒處於領先，羅斯 16 投 9 中，風輕雲淡拿到 23 分，2 次抄截和全場最高的 7 次助攻。

　　兩天後的第二場比賽，公牛隊 91 ： 82 再次取勝，總比分 2 ： 0 領先。和第一場不同，公牛隊和公鹿隊這一場各有 21 分鐘處於領先，但決戰時刻，羅斯連續助攻巴特勒完成得分，讓經驗不足的公鹿隊交足學費。羅斯手感不佳 14 投僅 4 中，但他還是貢獻 15 分，7 個籃板，9 次助攻的準大三元，為公牛隊做出貢獻。

　　4 月 24 日，雙方在休息三天後展開第三場的爭奪，比賽移師到公鹿隊主場布拉德利中心體育館。沉寂兩場的「字母哥」豪取 25 分，12 個籃板，公鹿隊 5 人得分雙十和公牛隊展

開對攻。公牛隊雖然領先 31 分，但在第四節最後時刻被公鹿隊連續追分反超。最後 5 秒，羅斯強攻製造字母哥犯規兩罰一中追平比分，艱難帶領公牛隊進入加時，而且一打就是兩個。巨大的體力消耗後，兩隊在加時的進攻無比澀滯，但羅斯在第二個加時獨得 6 分為公牛隊搶占先機。113：106！公牛隊第三場險勝公鹿隊，總比分 3：0 領先手握賽點。羅斯全場得到 34 分，5 個籃板，8 次助攻，3 次抄截，再一次成為公牛隊的頭牌。

再休兩天後，雙方的第四場如約而至。公牛隊急盼橫掃晉級，但反而背上包袱，大部分時間都處於落後。最後 3.5 分鐘，公牛隊孤注一擲收到奇效，巴特勒投中三分球，羅斯內突外投得到 5 分，還助攻保羅‧加索在最後 38 秒完成 2+1，將比分追到 90 平。但「成也羅斯，敗也羅斯」，他最後 1 秒的致命失誤讓公牛隊付出血的代價，公鹿隊暫停戰術利用羅斯的防守空檔完成絕殺，將系列賽拖到第五場。

第五場轉到公牛隊主場進行，公鹿隊三軍用命全場領先 37 分，第四節牢牢將主動握在自己手中，最終以 94：88 獲勝，系列賽首次從客場全身而退，也是唯一一次。這場比賽後，公鹿隊將總比分追到 2：3，繼續延續著希望。

但連輸兩場的公牛隊迅速調整。5 月 1 日的系列賽第六場，公牛隊沒有再給公鹿隊機會。回到公鹿隊主場比賽，公

牛隊從開場領先到比賽結束，以 120 ： 66 狂勝公鹿隊，總比分 4 ： 2 晉級東部準決賽。首輪系列賽，羅斯場均貢獻 19 分，4.3 個籃板，6.5 次助攻，1.5 次抄截，助攻全隊第一，得分僅次於巴特勒。表現雖然談不上統治力十足，但重返季後賽的羅斯，還是為公牛隊送上最大的幫助。

　　三個賽季裡第二次闖進東部準決賽後，等待公牛隊的將是強大的騎士隊。面對熟悉的老對手，公牛隊做好了準備，羅斯亦然。

▋第三節　激戰詹姆斯

再戰老對手

　　又一次和公牛隊站上東部準決賽的舞臺，矗立在羅斯眼前的依然是熟悉的身影 —— 勒布朗·詹姆斯。

　　這是公牛隊 6 個賽季裡第四次在季後賽面對詹姆斯。之前三次，公牛隊全部落敗。6 年一個輪迴，羅斯從如日中天的 MVP 變得傷病纏身，詹姆斯 2014 年夏天離開熱火隊重返騎士隊，和厄文、洛夫組成新的「三巨頭」。一夜間，東部格局再被顛覆。

　　再次面對騎士隊，公牛隊似乎有些被動。例行賽，騎士

隊排名東部第二，力壓東部第三的公牛隊，擁有季後賽主場優勢。但公牛隊還是嗅到一絲機會。季後賽首輪，騎士隊主力內線洛夫手臂受傷賽季報銷，這讓騎士隊實力大損，也讓他們變得神經緊張。

5月5日，公牛隊和騎士隊的東部準決賽正式開打。賽前，詹姆斯嚴陣以待，「公牛隊是一支有競爭力的球隊，這已經是東部準決賽。從現在開始，比賽會變得更難，因此你一刻都放鬆不得」。但騎士隊並沒有做到。

首場比賽，客場作戰的公牛隊就在羅斯的帶領下給騎士隊一記重拳。首節，公牛隊就一度領先14分。第二節，公牛隊將領先擴大到16分，面對騎士隊的追擊，羅斯上半場貢獻16分為公牛隊穩住局面。詹姆斯在第三節為騎士隊追平比分，但羅斯帶隊打出15：0的攻擊波掌控比賽。最終，公牛隊99：92獲勝，總比分1：0領先。

羅斯拿到全隊最高的25分，還貢獻5個籃板，5次助攻，和30分6次助攻的厄文相比不遑多讓，也讓詹姆斯的19分，15個籃板，9次助攻準大三元成為徒勞。羅斯王者歸來，隊友巴特勒對他心悅誠服：「德瑞克（羅斯）每一次都在做正確的攻擊。」

休息兩天後，系列賽第二場在騎士隊主場再次開打。發狠的詹姆斯賽前就放話：「我們身處逆境，不能0：2落後。」

為此，他身先士卒。開賽前三個小時，他就抵達球館，比往常早來一個半小時。比賽開始後，他首節火力全開拿到 14 分 3 次助攻，帶領騎士隊首節就勝出 20 分，再沒有給公牛隊機會，最終以 106：91 大勝，總比分追成 1：1 平。統治力十足的詹姆斯拿到 33 分，8 個籃板，5 次助攻，羅斯 20 投 6 中，得到 14 分，7 個籃板，10 次助攻，但侵略性不如詹姆斯。再加上厄文 21 分，3 次助攻為騎士隊錦上添花，公牛隊只能接受失利。

賽後，羅斯也被詹姆斯的表現所折服，「作為球隊的領袖，那就是你應該做的，他給每個隊友都定下基調」。

致敬喬丹的絕殺

雙方重回同一起跑線，接下來的比賽也變得更加重要。5 月 9 日，系列賽第三場移師到公牛隊主場，這一場的激烈程度也遠勝前兩場。48 分鐘裡，兩隊 19 次交替領先、17 次戰平，領先的一方最多只領先 8 分。犬牙交錯的拉鋸戰，公牛隊和騎士隊不斷搶占主動，前三節打完，公牛隊 74：73 只領先一分。

第四節，羅斯和詹姆斯對飆。靠著連續的突破和罰球，羅斯獨得 14 分 2 次助攻，和單節 10 分 3 次助攻的詹姆斯分

庭抗禮。終場前 24 秒，比賽徹底白熱化，雙方在最後 11 秒打成 96 平。時間走完 8 秒，公牛隊依然沒能找到機會，只能暫停，時間只剩下 3 秒。公牛隊還能勝出嗎？羅斯用行動終結了懸念。

最後 3 秒，公牛隊邊線發球，羅斯左側底角接球未果後迅速向弧頂移動來接球，隊友早就等待掩護，羅斯甩開對位者錯位面對騎士隊內線特里斯坦‧湯普森（Tristan Thompson）。2 秒，1 秒，時間即將走完，羅斯頂著湯普森的封蓋果斷出手超遠三分，球長距離飛行之後打板入網！公牛隊 99：96 絕殺騎士隊，總比分 2：1 領先！聯合中心體育館肆意沸騰，公牛隊的隊友們紛紛衝向羅斯抱著他怒吼著、咆哮著慶祝勝利，完成絕殺、全場獨得 30 分，7 個籃板，7 次助攻的羅斯卻是一臉淡定，也讓詹姆斯的 27 分，8 個籃板，14 次助攻和厄文的 11 分成為徒勞。

這是公牛隊最近 6 個賽季首次在季後賽面對詹姆斯時拿到系列賽的第二場勝利。同時，這也是 1998 年麥可喬丹在總決賽那記著名的「最後一投」之後，首次有公牛隊球員在季後賽最後 10 秒投中致勝球。面對被公牛隊球員稱為「當代喬丹」的詹姆斯，幾次重傷後的羅斯這一場彷彿才是真正的喬丹，這一記偉大的絕殺也是對喬丹最好的致敬！

你方唱罷我登場

但詹姆斯絕對不會善罷甘休，又是兩天後，系列賽第四場在 5 月 11 日打響，比賽地點依然是公牛隊主場。這一次，換作詹姆斯為騎士隊逆天改命。

意欲 3：1 拿到賽點的公牛隊，在羅斯和巴特勒的聯手帶領下占據主動，第二節開始不久，公牛隊 37：29 領先。但騎士隊突然發力打出 16：0 反超比分。雙方在下半場不斷交替領先，直到決戰時刻。

詹姆斯兩罰都中讓騎士隊在最後 41 秒領先 5 分。巴特勒的三分球為公牛隊迅速追到差 2 分。騎士隊這個時候卻有些慌亂，連續底線發球未果後，他們只能連續請求暫停。好不容易發球成功，詹姆斯又出現進攻犯規，羅斯最後 9 秒一蹴而就用招牌式的突破追平比分。詹姆斯衝擊籃框卻被封蓋，球權還在騎士隊手中，但只剩下短短 1.5 秒，留給騎士隊只剩下一絲喘息的機會。

公牛隊看到爭勝的希望，但詹姆斯拒絕重蹈覆轍。最後 1.5 秒，騎士隊前場底線發球，詹姆斯沒有嘗試空中接力，而是直接嘗試中投。在接過隊友的傳球後，詹姆斯在巴特勒面前直接乾拔。哨響燈亮，詹姆斯絕殺公牛隊！總比分 2：2，騎士隊再次追平總比分。羅斯苦拚 41 分鐘拿到 31

分 4 次助攻，但還是輸給詹姆斯。扭傷右腳的厄文堅持出戰貢獻 14 分，10 投 2 中，但詹姆斯貢獻 25 分，14 個籃板，8 次助攻，2 次阻攻的全能表現，並在最後時刻用絕殺完成救贖，彌補了 8 次失誤和 30 投 10 中的遺憾。

最後一投，騎士隊本來的戰術是讓詹姆斯發球，但他選擇拒絕。「我告訴教練，『把球給我，其他人拉開，我們要麼打延長，要麼我會為大家贏下比賽』。」最終，詹姆斯沒讓騎士隊失望，用絕殺回應了羅斯在第三場的三分絕殺。這樣的絕殺，一如羅斯上一場的絕殺那樣讓對方只能臣服，包括羅斯亦是如此：「對於這樣的絕殺你無能為力，他是一個如此出色的球員。」

輪番衝擊對手後，公牛隊和騎士隊在系列賽前四場總比分戰成 2：2，騎士隊重新擁有季後賽主場優勢。公牛隊還有機會嗎？這一切只等著羅斯揭曉懸念。

▌第四節　無力救主

天王山之戰消失

2015 年 5 月 13 日，公牛隊和騎士隊的東部準決賽第五場拉開大幕，比賽重回騎士隊主場速貸球館。只是在這場關

鍵戰中，羅斯卻不再像前四場那麼神勇。

　　對於這場「天王山之戰」，雙方都是虎視眈眈，勝者將拿下賽點，也將把晉級的主動權握在手中。沒有季後賽主場優勢的公牛隊，更加需要在客場放手一搏，他們渴望著能像系列賽首場比賽那樣在客場全身而退。

　　比賽開始後，公牛隊確實是更積極的一方，他們開場就打出 8：0 的攻擊波，一度以 18：8 反客為主，羅斯連拿 6 分還送出一次助攻，在進攻端繼續為公牛隊輸出火力。騎士隊顯然不會坐以待斃，扛住公牛隊的開場猛攻後，騎士隊在詹姆斯的帶領下完成一波 17：6 的進攻反超比分，詹姆斯更是包辦騎士隊在第二節的前 12 分。在自己的地盤，騎士隊拒絕像系列賽第一場那樣提前挖下大坑。對公牛隊不利的是，羅斯因為在一次和厄文的拚搶中意外倒地傷到自己的右手，這也在相當程度上影響了他之後的手感，導致他首節貢獻 12 分後消失不見。

　　系列賽前四場手感不佳的詹姆斯，這一場卻有如神助。雖然在第四場扭傷腳踝，但爭奪賽點的關鍵戰，詹姆斯卻和沒事人一樣。僅僅在上半場，詹姆斯就 12 投 10 中拿到 24 分，幫助騎士隊上半場 54：44 領先 10 分。進入第三節，騎士隊依然占據主動，並在第三節結束時以 80：71 領先。這一場，詹姆斯接受了厄文賽前對他的建議「把我們扛在肩

上」。比賽裡，他一次次衝擊籃下，一次次為騎士隊拉開分差。公牛隊在第三節結束時從後場投中超遠三分，將分差縮小到 9 分。

　　進入到第四節，落後的公牛隊雪上加霜，主力內線泰·吉布森和騎士隊後衛德拉維多瓦（Matthew Dellavedova）在對抗中被吹罰二級惡意犯規直接被驅逐出場。原本，主力中鋒保羅·加索因為左腿筋拉傷連續缺席兩場比賽就已經讓公牛隊的內線風雨飄搖，現在，吉布森又被驅逐，這也讓公牛隊的內線是屋漏偏逢連夜雨。

　　吉布森的被驅逐，似乎讓公牛隊獲得激勵。鄧利維（Mike Dunleavy）和巴特勒連續投中三分球，羅斯跟跟蹌蹌中還是助攻巴特勒再次投中三分球，公牛隊在最後 1 分 18 秒追到 99：101，然而，這次助攻也成為羅斯後三節為數不多的發揮。生死時刻，厄文關鍵時刻三分球不中，羅斯持球閃電般地快攻反擊，可就在他出手的一瞬間，詹姆斯拍馬趕到單手把球扇出底線，拒絕羅斯最後時刻扳平比分，一如過去那樣冷酷無情。生死 23 秒，詹姆斯翻身跳投不中，但騎士隊奮力搶到前場籃板讓比賽失去懸念，時間一秒一秒流走，公牛隊只能採取犯規戰術，白白賠上罰球，也為自己贏得最後的喘息機會。但就在重獲球權後，公牛隊又出現致命失誤，徹底宣告了比賽結束，騎士隊 106：101 擊敗公牛隊拿下「天

王山之戰」，總比分 3 ： 2 領先收穫賽點。

　　詹姆斯成為騎士隊取勝的頭號功臣，全場獨得 38 分，12 個籃板，6 次助攻，季後賽第 51 場 35+5+5 的表演，追平麥可喬丹的紀錄。羅斯 24 投 7 中，只得到 16 分，後三節 15 投 2 中，只貢獻 4 分，整個下半場他 12 投 1 中，只得到 2 分。全場 9 個籃板 7 次助攻的表現最終付之東流。賽後談到公牛隊的反撲時，羅斯說：「我喜歡我們反撲的方式，但我們只是沒有執行得很好。」但最後時刻，隱身的羅斯並沒有為公牛隊做太多貢獻。當詹姆斯和厄文都帶傷爆發時，手部受傷的羅斯顯得有些相形見絀。

強弩之末

　　輸掉這場關鍵比賽後，徘徊在淘汰邊緣的公牛隊自信心明顯下降。5 月 15 日，系列賽第六場雖然來到公牛隊主場，但此時的公牛隊已是強弩之末。保羅·加索的艱難復出為公牛隊帶來些許幫助，羅斯一對一強突厄文左手上籃為公牛隊 27 ： 22 取得 5 分的領先優勢。但騎士隊隨後連續進攻得分成功反超。

　　公牛隊完全是有機會拿下比賽的，但他們並沒有把握住。比賽第二節，厄文突破時不慎踩到隊友特里斯坦·湯普森的腳導致左膝蓋傷勢加重，本就是帶傷出戰的厄文不得不

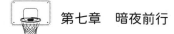

退出比賽，在洛夫季後賽首輪意外受傷賽季報銷後，騎士隊「三巨頭」只剩詹姆斯一人。但公牛隊卻讓這大好的機會從指間溜走，厄文替補德拉維多瓦趁勢爆發拿到季後賽生涯新高的 19 分填補空缺，騎士隊內線湯普森在首節空中接力倒地險些受傷後仍奮力貢獻 13 分 17 個籃板，多點開花的騎士隊為詹姆斯分擔壓力，在第二節一波 20 ：4 的攻擊波後，上半場領先 14 分的騎士隊，從此保持兩位數的領先優勢，第四節更是一度領先多達 27 分。

在這場「非生即死」的比賽裡，背水一戰的公牛隊在首節得到 31 分後，後三節只得到 42 分，下半場更是只有 29 分進帳，進攻完全「斷電」。羅斯全場 16 投 7 中得到 14 分 6 次助攻，顯得杯水車薪，全隊五人得分雙十的騎士隊，以 94 ：73 大勝只有兩人得分雙十的公牛隊，總比分 4 ：2 晉級東部決賽，自 2008 到 2009 賽季後首次打進東部決賽。

時代走向終結

羅斯再一次在季後賽輸給詹姆斯，公牛隊也在 6 個賽季裡第 4 次輸給詹姆斯所在的球隊，21 分的慘敗更是公牛隊在淘汰戰裡遭遇的最慘主場失利。

整個系列賽，羅斯在面對騎士隊的 6 場比賽裡場均得到

21.7 分，5.3 個籃板，6.5 次助攻，得分和助攻都排名全隊第一。同時，公牛隊再次展現出了強悍的防守，他們成功地將詹姆斯的命中率限制在只有 39.9%。但最終，公牛隊還是輸掉了系列賽，成為被淘汰的一方。

　　連續兩輪系列賽，羅斯證明重傷之後的他雖然能力已經不比巔峰時期，但在東部，他依然有一戰之力，依然可以在一些比賽裡改變比賽走勢。只是公牛隊對他還有足夠的耐心嗎？或者說公牛隊對這套陣容還有足夠的耐心嗎？畢竟快 27 歲的他已經不算年輕，公牛隊除巴特勒之外的主力也已經沒有潛力可挖，而公牛隊又一直期待著能走得更遠，期待球隊能常年保持足夠的競爭力，但再次倒在東部準決賽後，公牛隊的耐心已經在慢慢消耗殆盡。

　　看起來，公牛隊在連續從東部突圍受阻後，又一次改朝換代變得不可避免。羅斯距離顛沛流離的生活，也不再遙遠。

第七章　暗夜前行

第八章　隨風漂泊

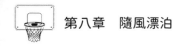

▍第一節　漸行漸遠

公牛換帥

在東部準決賽被騎士隊淘汰後，儘管教練錫伯杜還剩下為期兩年價值約 1,100 萬美元的大合約，但與其早已生隙的公牛隊依舊選擇將他解僱。

正是在錫伯杜的執教下，羅斯成長為了最年輕的例行賽 MVP，雖然錫伯杜對他高強度的使用同樣也飽受詬病，但在錫伯杜的體系中，羅斯的重要性毋庸置疑。

同時，公牛隊為剛剛獲得當賽季最快進步球員的吉米·巴特勒送上了五年 9500 萬美元的續約合約，在此之前，他拿到的僅僅是在 2011 年選秀時所獲得的四年新秀合約。在 2014 到 2015 賽季，巴特勒的數據從 2013 到 2014 賽季的場均 13.1 分 4.9 個籃板 2.6 次助攻暴漲至 20.0 分 5.8 個籃板 3.3 次助攻。

新教練霍伊博格（Fred Hoiberg）對錫伯杜的戰術進行了大刀闊斧的改革。巴特勒擁有了絕對的開火權，球隊在進攻端更加依賴巴特勒和加索，然而在對羅斯的使用上，霍伊博格卻始終找不到合適的說明書。

羅斯與在他養傷期間冉冉升起的吉米·巴特勒之間也曾被傳出過無數次的矛盾，儘管兩人都無數次地否認過之間的

不合，但在場上，兩人是肉眼可見的不相容。

　　這一年的公牛隊，在新教練霍伊博格的帶領下，開局一度打得頗有起色。他們在揭幕戰憑藉著加索的封蓋、巴特勒的抄截成功以 97 ： 95 復仇了騎士隊。在進入到 2016 年時，球隊戰績一度為 22 勝 12 負，高居東部第二。然而他們的戰績隨即一瀉千里，前半個賽季累積的優勢蕩然無存。在爭奪季後賽席位的關鍵時期，由於吉米‧巴特勒的受傷缺戰長達一個月之久，公牛隊的戰績更是成為東部前九名中最為糟糕的。最終他們以 42 勝 40 負的戰績結束了賽季，排名東部第九，連續 7 年進入季後賽的歷史就此戛然而止。

　　在這個賽季，雖然羅斯出戰了 66 場比賽，場均 16.4 分，3.4 個籃板，4.7 次助攻的數據也並不能讓球迷與管理層感到滿意。在開賽初，狀態起伏不定的羅斯甚至有長達一個月、11 場比賽的時間得分未上 20 分。

　　直到 12 月 19 日，公牛隊與活塞隊上演了 NBA 歷史上第 11 次的四延長大戰，羅斯才拿下 34 分，但最終巴特勒絕殺失敗，公牛隊遺憾地以 144 ： 147 輸掉了比賽。而隨後的羅斯又是連續兩場比賽得分不及雙十。

　　儘管在巴特勒受傷之後，羅斯重新在進攻端找回了自己，但在巴特勒缺戰的 11 場比賽裡，公牛隊 3 勝 8 負，跌出東部前八，他的奮力打拚也未能換回理想戰績。

關係破裂

場上的羅斯百般苦悶，而在場下，公牛隊球迷們也逐漸忘了，那個在新秀賽季光芒四射又意氣風發的他，那個成為麥可喬丹後公牛隊首個全明星的他，那個帶領公牛隊獲得例行賽冠軍又成為史上最年輕 MVP 的他，那個曾被喬丹寄予厚望、聲稱公牛隊有望在他的帶領下衝擊 6 連冠的羅斯，也忘了那個曾在 2011 到 2012 賽季力壓詹姆斯、科比、當年橫空出世的林書豪等人拿下球衣銷售榜冠軍的他。

他們只記得，在 2011 年續約以後經歷了連續三次大傷、三個賽季只打了 61 場比賽的他，同時還領著五年 9,400 萬的高薪。

他們只記得曾在開賽前被預測能高居東部第二的公牛隊哪怕最終戰績勝率過半，也未能闖進季後賽；只記得調整了打法以後的羅斯，不再有美如畫的變向與突破；只記得在崇尚三分與進攻的這個時代，羅斯的三分命中率僅為 29.3%；他們只記得，在無數個潰敗的夜晚，羅斯再不能像以前一樣以一己之力力挽狂瀾。

在這個賽季，聯盟發生了許多件大事。奈許退役、科比退役，甚至在退役戰狂砍 60 分、柯瑞（Stephen Curry）全票當選 MVP、騎士隊在總決賽上演神奇的 1：3 大逆轉，為

第二節 告別風城

克里夫蘭帶來史上第一個總冠軍。也正是在這一年，1995 到 1996 賽季公牛隊的例行賽 72 勝 10 負紀錄被勇士打破。球迷們的失望可想而知。

上賽季東部準決賽帶給球迷的感動早已煙消雲散，羅斯已不再是這座城市的英雄。

▌第二節　告別風城

突然的電話

2016 年 6 月，正在拍攝個人紀錄片的羅斯接到了經紀人 B.J. 阿姆斯壯（B.J.Armstrong）的電話。

「我希望沒什麼事發生，這讓我非常緊張。」說完這句話的羅斯離開了拍攝現場，電話那頭的阿姆斯壯告訴他：「你被交易到了紐約尼克隊。」初聞訊息的羅斯先是不敢相信，隨後哽咽著流下了傷心的淚水。

這一切顯得如此猝不及防卻又彷彿理所當然。

迫切希望改變的公牛隊終於還是做出選擇，他們用羅斯、賈斯汀・霍樂迪（Justin Holiday），以及 2017 年的二輪選秀權向尼克隊換來了羅賓・羅培茲（Robin Lopez）、傑里安・格蘭特（Jerian Grant）以及荷西・卡德隆（Jose Calderon）。羅

斯 8 年的公牛隊生涯就此終結。

公牛隊總經理加爾‧福爾曼在交易後的宣告裡表達了對羅斯多年付出的感激之情：「我們會一直對德瑞克心存感激。他是一名偉大的隊友，永遠將勝利放在第一位，而在與傷病和失落做抗爭方面，沒有人比他更努力。在他的巔峰期，當他上場時，他的表現令所有人為之驚嘆，他是史上最年輕的MVP。祝德瑞克未來一切順利。」

談到羅斯這筆交易，公牛隊總經理福爾曼在宣告中說道：「我們的目標是讓球隊變得更年輕、更有運動能力，這筆交易讓我們朝著那個方向前進。」而公牛隊老闆傑里‧萊恩斯多夫則表示：「現在是羅斯離開公牛隊去別的球隊打球的時候了，無論球隊未來怎麼樣，這都是我們必須做的第一步。」

許多人勸羅斯這只是一項生意，就連公牛隊前輩皮朋（Scottie Pippen）在談到羅斯被交易到尼克隊時，都表示：「我也從事這項運動很久了，沒有什麼是永不改變的。我認為球隊做出了他們認為對未來最有利的決定。無論羅斯是否願意承認，或許這個決定對他來說也是最好的。我認為這是雙贏的，希望羅斯也能明白。這就是生意。」

但對於羅斯而言，芝加哥又豈止是一支球隊而已。

他與哥哥們在芝加哥成長的一幕幕此刻閃現在眼前，從幼時對公牛隊心生嚮往，到終於在選秀大會上圓夢，到能夠

成為這支球隊的當家球星,他為這支球隊付出的心血,豈是僅僅將其當作一門生意而已?

他想起了自己的小時候,公牛隊奪冠以後,所有人包括他的三個哥哥都上街慶祝,而他因為太小被母親不許出門。他只好坐在屋裡,從窗戶往外看,看到街上每個人都在慶祝,心裡盼望著快點長大,好加入外面歡天喜地的人群。

他想起了自己在選秀前的忐忑,想起看到公牛隊憑藉著僅有的 1.7% 機率拿下狀元時他的渴望,想起在選秀大會上被喊出名字的那瞬間的如釋重負與狂喜,想起那個 MVP 賽季,想起季後賽倒在騎士隊腳下時心裡的不甘,想起以自己名字命名的「羅斯條款」。

他也想到了自己的兒子 PJ(P.J.Rose)。PJ 出生在 2012 年 10 月 9 日,正是他在第一次大傷後的養傷康復時期。對於 PJ,他傾注了自己全部的愛,他渴望自己能成為兒子的驕傲,渴望給予兒子自己未曾感受太多的父愛。

他想到了許許多多,他還想為這座城市帶來榮光,但芝加哥已不再需要他。

那個曾以為會永遠留在芝加哥、為家鄉球隊帶來一座冠軍獎盃的少年就這樣帶著滿心傷痛離開了家。他曾是這座城市的英雄,但在離開時,那些功績都顯得無比蒼白。

羅斯 公牛隊生涯例行賽場均數據

賽季	2008-2009	2009-2010	2010-2011	2011-2012	2012-2013	2013-2014	2014-2015	2015-2016
出場	81	78	81	39	0	10	51	66
先發	80	78	81	39	0	10	51	66
時間	37.0	36.8	37.4	35.3	0.0	31.1	30.0	31.7
投籃命中率	47.5%	48.9%	44.5%	43.5%	0.0%	35.4%	40.5%	42.7%
命中數	7.1	8.6	8.8	7.7	0	5.8	6.6	6.8
出手數	14.9	17.6	19.7	17.8	0	16.4	16.4	15.9
三分命中率	22.2%	26.7%	33.2%	31.2%	0.0%	34.0%	28.0	29.3%
三分命中數	0.2	0.2	1.6	1.4	0	1.6	1.5	0.7
三分出手數	0.9	0.8	4.8	4.4	0	4.7	5.3	2.3
罰球命中率	78.8%	76.6%	85.8%	81.2%	0.0%	84.4%	81.3%	79.3%
罰球命中數	2.4	3.3	5.9	5.0	0	2.7	3.0	2.2
罰球出手數	3.1	4.3	6.9	6.1	0	3.2	3.7	2.7
籃板	3.9	3.8	4.1	3.4	0	3.2	3.2	3.4
前場籃板	1.2	0.8	1.0	0.7	0	0.9	0.7	0.7
助攻	6.3	6.0	7.7	7.9	0	4.3	4.9	4.7
抄截	0.8	0.7	1.0	0.9	0	0.5	0.7	0.7
阻攻	0.2	0.3	0.6	0.7	0	0.1	0.3	0.2
失誤	2.5	2.8	3.4	3.1	0	3.4	3.2	2.7

犯規	1.5	1.2	1.7	1.3	0	1.5	1.2	1.3
得分	16.8	20.8	25.0	21.8	0	15.9	17.7	16.4
勝	40	41	62	32	0	5	33	32
負	41	37	19	7	0	5	18	34

第三節　再度報銷

重返芝加哥

2016 年 11 月 5 日，被交易後的羅斯首次回到芝加哥。在羅斯其後的數次回歸芝加哥的比賽裡，公牛隊球迷們都為他送上了掌聲與 MVP 的吶喊。芝加哥也曾為他再次立起廣告牌，告訴他，「我們永遠為你驕傲」。

羅斯微笑著接受了這一切，他用自己的實際行動告訴著所有人，玫瑰或許不再於風城綻放，但它絕不會就此凋零。

他說：「芝加哥永遠都是我的家，我永遠不會離開它。」

帶著不甘與期待，離開了家的羅斯來到了大蘋果城。這個賽季的尼克隊，除了擁有卡梅羅・安東尼、克里斯塔普斯・波爾辛吉斯（Kristaps Porzingis）和羅斯，還擁有諾亞、考特尼・李（Courtney Lee）、布蘭登・詹寧斯等實力派球員，紙上實力強大。已經連續三個賽季不曾進入季後賽的他們，渴望在這個賽季取得進步。

在新教練霍納塞克（Jeff Hornacek）的帶領下，尼克隊在聖誕節前取得了 16 勝 13 負的戰績，但隨著時任尼克隊總裁「禪師」菲爾・傑克森對球隊戰術理念的頻頻插手，隊內矛盾衝突不斷，更衣室內人心浮動。最終他們僅僅拿到了 31 勝 51 負的戰績，再次無緣季後賽。

羅斯對此備感失望，他說，「我不在乎我的個人數據，事實上我來到了一支新的球隊，有一個巨大的機會擺在我面前，我想做出一些成績來。但如今看來，事情卻變得一團糟。」

以完全健康姿態來到尼克隊的他這個賽季上場並先發了 64 場，場均上場 32.5 分鐘和 18.0 分都是自 2011 到 2012 賽季以來的新高，但球隊的混亂快速消磨著他對籃球的熱情。他後來回憶道，在尼克隊打球時找不到樂趣，2017 年 1 月時他甚至萌生了退役的念頭，離隊了幾天，被家人勸說之後才重返隊內。

他不知道的是，更大的打擊還在後面。

第四次膝傷

2017 年 4 月 3 日，尼克隊官方確認，羅斯因左膝半月板撕裂，賽季宣告報銷。他將接受左膝關節鏡手術，預計完全康復需要 6 到 8 周。

這一年的羅斯，還沒到 29 歲，正是一個後衛的黃金年齡，然而這已經是他的生涯第四次嚴重膝傷。

　　見證他這一個賽季逐漸找回自我的隊友們都相信他能健康歸來，而羅斯也希望自己能留在尼克隊，後來的羅斯回憶說：「當時，我和團隊在等待尼克隊方面的消息，但我們沒有收到任何通知。所以，我們大概知道他們在尋找其他的後衛，而且他們還在選秀大會上摘下一個控衛。從那以後，我知道球隊和我已經走上不同的道路。講實話，我當時很想留在尼克隊。儘管我們上個賽季輸多贏少，但我很喜歡那個城市，那的球迷以及那裡的一切。而且，管理層也發生變動，菲爾最後走人了。如果能待在那，我會很開心。」

　　但他又一次失望了。

　　已經送走了「禪師」和安東尼的尼克隊決意重建，他們在 2017 年選秀大會上以 8 號順位選擇了曾獲得 2016 年 U18 歐洲籃球錦標賽冠軍和 MVP 榮譽的 19 歲控衛弗朗克‧尼利基納（Frank Ntilikina）。

▌第四節 聯手詹姆斯

為了總冠軍

同樣在這個休賽季，凱里·厄文向騎士隊申請交易離隊，他最終被送到了波士頓塞爾提克隊，與小湯瑪斯互換東家。小湯瑪斯的臀部傷勢使得騎士隊的後衛線上出現了空缺，在他回歸前的先發控衛位置打動了羅斯。抱著對總冠軍的期待以及不願辜負那些仍在愛著自己的球迷們的心情，羅斯再一次選擇了重新出發。他以一份一年 210 萬美元的底薪合約加盟騎士隊。然而就在他簽約後不久，騎士隊又宣布以老將底薪合約簽下韋德，球隊後面的混亂就此埋下伏筆。

與老對手詹姆斯的聯手，讓羅斯遭遇了不少嘲諷，但對於羅斯而言，這是他證明自己唯一的辦法。正如他許久以後提及這段歲月時說的那樣：「那時我只是想要重返聯盟，為此，我不得不和我對抗了四五年的一支球隊（騎士隊）簽下合約，還和我對抗了四五年的勒布朗·詹姆斯一起打球。這超級尷尬，但那是我回來的唯一辦法。」

在騎士隊之初，一切似乎都在向好的方向發展，他重新披上了自己熟悉的 1 號球衣，改變了自己的髮型，為了減少對膝蓋的壓力，他還減重 13 磅，讓自己的打法變得更輕巧和靈活。

然而就在 10 月 21 日對陣公鹿隊的比賽裡，在終場前 10 分 12 秒，突破上籃的羅斯遭遇到了公鹿隊中鋒格雷格‧門羅（Greg Monroe）一個類似鎖喉動作的嚴重犯規，失去平衡重重摔倒在地的他扭傷了自己的腳踝，顯得極為痛苦，而裁判回看錄影後，僅判了門羅一個普通犯規。

　　羅斯對此非常不滿，他說：「我認為我是這個聯盟裡唯一一個這樣被犯規裁判都不吹對手惡意犯規的人，我的腳踝很久都沒有問題了，我已經不再戴著護具了，所以我的腳踝一直沒問題。」

　　在受傷後，羅斯休戰了四場比賽又重返賽場，但沒過多久傷病的再次反覆使得他不得不再次休戰，這一次的傷病雖然沒有前幾次的嚴重，但它帶給羅斯的心理打擊卻是巨大的。連續不斷的傷病與不穩定的狀態讓羅斯變得無比沮喪，他回憶起休賽季的苦練，把自己的身體狀態調至最佳，寧願以底薪加盟騎士隊，就是希望能在特殊的時刻，加入特殊的球隊，做些特殊的事情，但傷病卻像附骨之蛆絕不肯輕易放過他。

　　他萌生了退役的念頭，於是向騎士隊提出了離隊申請，他需要好好想一想，自己的籃球生涯是否還能繼續。

　　這個消息震動了全聯盟。沒有人願意相信，更沒有人願意看到，許多人都公開喊話羅斯，希望他不要下這個決定。

就像達米安·里拉德所說的那樣：「他這幾年一直遭遇傷病，希望他身邊的人能讓他保持積極的心態，並鼓勵他堅持下去！他的油箱還沒有見底！我希望他越來越好。」

艱難的抉擇

羅斯回到了自己的家中，在家人的陪伴下，對自己充滿了自我厭棄的他終於能夠冷靜下來好好考慮自己的未來。他想到了許多，過往的輝煌與苦難都歷歷在目，他問自己：真要就此告別賽場嗎？

正是在騎士隊的這次退役風波，讓羅斯想清楚了，他不想放棄對籃球的熱愛，也不想停下對夢想的追逐，更想為了自己的兒子做出一個好的榜樣。他說：「他是我還在繼續打球的唯一動力。我從小就沒有父親，所以我的母親充當了這一角色，我希望能成為兒子的榜樣。」

所以他不想成為逃兵，他想以身作則，讓兒子不僅以曾經的他為榮，更以現在這個飽經磨難卻依然不肯低頭的他為榮。

有人質疑他是為了與愛迪達的 8,000 萬美元的代言合約才選擇歸隊，這遭到了羅斯的強烈反駁，他說：「不要怪我粗魯，我根本不在乎關於錢方面的事情。我已經存夠了錢，

不是關於錢。如果我想離開，我就會離開。就像我所說的，回到這裡，開始康復，這是我的第一步。我在這裡是為了球隊，我在這裡是為了贏球，這就是我回來的原因之一。」

帶著責任感與對籃球的愛與不甘，羅斯選擇了回歸。騎士隊給予了他一份信任，他絕不想就這樣輕易放棄打球的機會，他相信自己仍能為球隊做出貢獻。

但說出「如果他們需要毛巾，我可以做那個遞毛巾的人。沒關係的，無論怎樣都行」的他絕不會想到，這個賽季的磨難遠沒到結束的時候。

混亂的騎士隊

在小湯瑪斯復出之後，他的球權與狀態問題、J.R. 史密斯（J.R. Smith）的先發位置、韋德和羅斯的上場時間等等問題讓球隊內部一片混亂，更衣室矛盾最終激化爆發，教練泰倫·盧（Tyronn Lue）、洛夫、韋德、小湯瑪斯、JR 等老將全都捲入了這場內戰之中。戰績不佳、球員之間互相指責，整個球隊氣氛的壓抑一眼便知。

球隊內部劃分成了新老派系，管理層對於更衣室早已失去了掌控。每一天都有著各式各樣的爆料繪聲繪色地描述著球隊內部的混亂。

不僅是新老球員之間的不合，昔日的好兄弟也反目成仇。在與馬刺的比賽中，洛夫與阿爾德里奇（LaMarcus Al-dridge）爭搶籃板時倒地，他向克勞德伸出手希望被拉起，但克勞德卻無視了他，並直接跨過洛夫。J.R. 史密斯和小湯瑪斯也看見了洛夫，卻沒有人上前去拉起他。

　　而在與火箭隊的比賽中，小湯瑪斯也同樣遭遇了這一幕。他突破過掉卡佩拉（Clint Capela），然後面對格林（Ger-ald Green）的補防完成上籃。旁邊的特里斯坦·湯普森和韋德也同樣無視他的摔倒，反而是在三分線外的羅斯跑了過來將他扶起。

　　儘管不曾站隊任何一方，但身在其中的羅斯並不好受。為了肅清球隊紀律，騎士隊選擇了大清洗，將夏天所有新加盟的球員全都交易出去。在 2018 年 2 月 9 日與國王隊、爵士隊的三方交易中，羅斯被送到了爵士隊。爵士隊隨即便宣布將他裁掉，讓他可以去加盟一支季後賽球隊。

　　短短兩年之間，羅斯數易東家，他已經有 7 年沒打過一個完整的賽季了。一次次的受傷與失望讓他深感命運的無常與個人的無力。他掙扎著接受了自己不再是先發，卻又受困於球隊的混亂無法離冠軍夢想再進一步。

　　在經歷過這坎坷的兩個賽季後，如果選擇放棄也許並不會有人苛責他，但羅斯還不想就此放棄。哪怕在被騎士隊交

易後，他依舊透過經紀人表示：「羅斯其實不抱怨騎士隊買賣，本人的狀態確實有下滑，能為球隊做奉獻很滿足，等待下一站。」

　　他依舊相信自己，經過風吹霜打的玫瑰或許曾在風中搖擺，但依舊堅挺著，不肯凋零。

 第八章　隨風漂泊

第九章　不說凋零

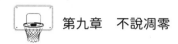

▌第一節 轉戰明尼蘇達

與恩師重逢

從 2 月 11 日被爵士隊裁掉以後，球迷們足足等待了將近一個月的時間，才等來羅斯的下家消息。在這一個月裡，羅斯曾與華盛頓巫師隊、快艇隊等多支球隊傳出緋聞，但他最終選擇了與灰狼隊簽約至賽季結束。

這支灰狼隊讓不少公牛隊球迷都頓生熟悉之感，除了教練是原來公牛隊的教練湯姆·錫伯杜之外，還有吉米·巴特勒、泰·吉布森、賈邁爾·克勞佛和阿隆·布魯克斯（Aaron Brooks）這四名公牛隊舊將在。

羅斯與錫伯杜的重聚讓不少球迷都心情複雜，在此之前，巴特勒在對陣火箭隊的比賽中遭遇右膝半月板撕裂，不得不接受半月板修復手術休戰。受傷離場前，他已經出戰了 25 分鐘，這個賽季他場均出場時間高達 37.1 分鐘，高居聯盟第二。

這讓不少球迷彷彿噩夢重現，對錫伯杜的高強度用人心有餘悸，但不可否認的是，錫伯杜對羅斯的使用有他的獨到之處。就像羅斯說的那樣：「到目前為止我認為他（錫伯杜）是最好的教練，但我仍有許多能量。誰知道他能否啟用一些潛力呢，我無須證明任何事情。我會讓我的努力說明一切。」

在巴特勒受傷之前，灰狼隊一度打得極其強硬，他們場均能得到 109.6 分，排名聯盟第六；進攻效率 111.2，聯盟第三；24.9% 的進攻籃板率，位居聯盟第四；而進攻籃板帶來的每場 14.2 分的二次進攻得分，聯盟第三。從他們排名聯盟第三的 8.66 次抄截和聯盟第四的 18.1 分利用失誤得分，你可以看出這支球隊在防守端的侵略性。這一切與當年的公牛隊又何其相似。

用表現贏得肯定

巴特勒的受傷，讓這支球隊出現了掙扎，在簽下羅斯之時，灰狼隊排名西部第六，接連輸給了季後賽競爭對手拓荒者隊和爵士隊，只領先西部第九名的金塊隊 2.5 個勝場，他們接下來的 15 場比賽賽程極為艱苦，除了季後賽直接競爭對手之外，還要面對東部強隊。

最終，灰狼隊在例行賽最後一場比賽戰勝了直接競爭對手金塊隊，驚險地以西部第八的身分進入到季後賽。羅斯上場了 9 場比賽，表現中規中矩，這幾場比賽裡，羅斯的上場時間都不高，球迷們擔心的再次被過度使用問題並沒有出現。而在灰狼隊站穩了腳跟的羅斯，狀態也逐步回升。

進入到季後賽後，那支當賽季獲得例行賽冠軍、取得

65 勝 17 負的火箭隊，和火力全開、榮膺當賽季例行賽 MVP
的詹姆斯·哈登逼出了我們熟悉的羅斯。儘管灰狼隊最終以
1：4 被淘汰，在這 5 場比賽中均為替補上場的羅斯表現可
圈可點，突破、中投、拉桿全都有，5 場比賽分別拿到了 16
分、9 分、17 分、17 分、12 分，甚至在第四場比賽以替補身
分上場高達 32 分鐘。

　　在 唐 斯（Karl-Anthony Towns）、威 金 斯（Andrew Wig-
gins）和巴特勒都遭遇到火箭隊嚴防死守的情況下，羅斯成為
灰狼隊的奇兵，他的突破也成為灰狼隊得分的關鍵。

　　在雙方對決的首場比賽裡，火箭隊其他隊員表現不佳，
完全憑藉哈登一人的大發神威才始終占據微弱優勢。而與他
對戰的羅斯也毫不遜色，持續投進關鍵中投的他，在三節結
束時就拿到了 16 分，是灰狼隊當時得分最高的球員。

　　而在灰狼隊扳回一城的第三場比賽裡，羅斯更是表現出
色，他僅僅上場 21 分鐘就拿到了 17 分。這場比賽，也是灰
狼隊時隔 14 年來的第一場季後賽勝利。他們上一次在季後賽
取勝，還是 2004 年對陣湖人隊的西決第五戰，當時球隊的核
心還是賈奈特、卡塞爾（Sam Cassell）和斯普雷維爾（Latrell
Sprewell）。

　　整個系列賽，羅斯的在場正負值為 +1，是灰狼隊僅有
的兩個正負值為正數的球員之一，另一個則是泰厄斯·瓊斯

（Tyus Jones），但瓊斯出場總時間甚至不到羅斯的一半。

可以說，正是在對陣火箭隊時的精彩表現，讓灰狼隊決定留下羅斯。

2018 年夏天，羅斯一年底薪續約灰狼隊。

▌第二節　50 分之夜

灰狼首次先發

2018 年 11 月 1 日，灰狼隊迎戰爵士隊，賽前沒有人看好前者能捍衛主場。

休賽季就向灰狼隊遞交了交易申請的吉米・巴特勒本場比賽因「全身痠痛」而輪休，傑夫・蒂格（Jeff Teague）則因膝傷而缺戰，卡爾・安東尼・唐斯直到賽前才確定會上場。而對手爵士隊表現搶眼，在多諾萬・米契爾（Donovan Mitchell）與魯迪・戈貝爾（Rudy Gobert）的帶領下 4 勝 2 負。

在這種情況下，羅斯迎來了自己在灰狼隊生涯的首次先發。

本場比賽之前，灰狼隊 3 勝 4 負，但羅斯的表現卻讓人眼前一亮，在灰狼隊 136：140 惜敗給獨行俠隊的比賽中，同樣是在巴特勒缺陣的情況下，羅斯登場 32 分鐘拿到 28 分，

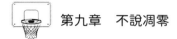

5 個籃板，5 次助攻。

沒有人想過，羅斯還能帶來更大的驚喜。

比賽開始，在第一個兩分打鐵後，羅斯接連命中一個三分和兩分，然後助攻泰·吉布森命中。緊接著，他又造成戈貝爾犯規打成 2+1，並在隨後再次造成戈貝爾犯規兩罰命中。灰狼隊的前 12 分全都與羅斯有關。許多人從這時就已經嗅到了不尋常的氣息。

首節比賽，在威金斯和唐斯全都手感不佳的情況下，羅斯單節就砍下了 13 分，抄截、籃板、助攻樣樣有。主場的氣氛已經逐漸燥熱，在羅斯進攻時，現場已經零星響起了 MVP 的喊聲。在羅斯的出色表現下，灰狼隊以 32 ：25 領先爵士隊。

進入次節比賽，威金斯與唐斯狀態復甦，羅斯在第二節中段被換上場，在灰狼隊陷入得分荒之時，也是他打破僵局。在這節比賽，他命中一個罰球一個兩分拿到三分，灰狼隊半場結束以 65 ：56 仍舊領先於爵士隊。

第三節比賽，羅斯延續了首節的炙熱手感，先是連拿 7 分，接著在爵士隊全面復甦多點開花的情況下，他一人獨得 10 分，在他和唐斯的極力支撐下，三節戰罷，灰狼隊仍舊以 101 ：96 領先於爵士隊。

三節比賽結束，羅斯已經拿到了35分，此時的標靶中心球館已經陷入沸騰。

第四節比賽一開始，灰狼隊陷入了得分荒，爵士隊趁機將比分反超。而第四節剛開始不久，羅斯在一次上籃被犯規後，後腦勺撞到了隊友的膝蓋上，他痛苦地抱著腦袋的樣子讓許多球迷都緊張地祈禱著，好在羅斯並無大礙，又重新回到了場上。

在比賽陷入膠著之際，還是羅斯站了出來，當他在外線命中三分幫助球隊扳平比分且超越了自己例行賽生涯最高分42分時，灰狼隊主場陷入了瘋狂。

比賽最後30秒，羅斯持球強攻，在籃下命中高難度兩分，幫助灰狼隊以125：123取得領先。戈貝爾「打鐵」，使得盧比歐（Ricky Rubio）趕緊對唐斯犯規，後者二罰一中，灰狼隊126：123領先。

艾克薩姆（Dante Exum）快速命中兩分，英格爾斯（Joe Ingles）對羅斯犯規，羅斯穩穩兩罰全中。

克勞德（Jae Crowder）、英格爾斯三分接連打鐵，艾克薩姆再次嘗試三分出手卻被羅斯致命封蓋！唐斯搶下防守籃板，比賽就此終結！灰狼隊128：125主場險勝爵士隊。

而羅斯的數據定格在出場41分鐘，31投19中，三分線

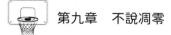

外 7 中 4，罰球 11 中 8，拿下全場最高的 50 分，外加 4 個籃板，6 次助攻，1 次抄截，1 阻攻。

當比賽終場哨聲響起時，不管是場內場外還是電視機前，許多球迷雙眼都和羅斯一樣飽含著熱淚，就連當場比賽的兩位解說員都忍不住數度哽咽。標靶中心球館將近兩萬名的觀眾無一人離場，無論是灰狼隊球迷還是爵士隊球迷，全都發自內心地為他慶賀，現場響起如雷般的掌聲。在掌聲和隊友的簇擁中，羅斯再也忍不住淚灑當場，用毛巾捂臉失聲痛哭。

玫瑰再次綻放

在此之前，羅斯的例行賽單場最高得分是 42 分，兩次全都來自他獲得 MVP 的 2010 到 2011 賽季。他首次拿下 42 分是在 2011 年 2 月 17 日公牛隊主場戰勝馬刺隊的比賽中，當時他面對的是正值巔峰的馬刺隊「GDP」組合，但初生之犢不畏虎的羅斯打出了極高的效率，並且憑藉著自己出色的發揮，率領著公牛隊幾乎全場都壓著馬刺隊，哪怕「GDP」聯手拿到 56 分也不得不吞下失利的苦果。

隨後，在 3 月 18 日公牛隊客場對戰溜馬隊的比賽中，羅斯再次拿下 42 分，可惜公牛隊以 108 ： 115 輸掉比賽。

一晃 2,785 天，在 30 歲 27 天這天，羅斯成為 NBA 歷史上所有拿過 MVP 的球員中首次砍下 50 分年齡最大的球員。然而這其中的曲折與辛酸，絕不僅僅是簡單幾個數字就能概括的。當他數次遭遇足以毀滅職業生涯的傷病時，沒有人想過他還有一天能再次成為主宰比賽的英雄；當他幾度飄零被交易、已經接受了自己成為替補的命運時，沒有人想過有一天，他會重回先發打出這樣一場酣暢淋漓、精彩絕倫的比賽。

　　全場比賽，羅斯共完成了 34 次突破，是 2016 到 2017 賽季以來聯盟最多的一次，在三分與投射盛行的年代，曾遭遇過這般大傷的羅斯還能一次次頂著對手扭曲上籃，更讓人感動不已。

　　賽後，當被問及本場得分生涯新高的意義是什麼，以及拿到 50 分新高的感受如何時，羅斯含淚表示：「50 分對我來說意味著一切，如果沒有不停的訓練、沒有灰狼隊這支球隊、沒有球迷的支持，我無法取得這樣的成績。」

　　「我把心都掏出來了，」羅斯說，「隊友們告訴我去打出屬於我的比賽，今天這場比賽不錯。」

　　見證羅斯這幾個賽季的球迷們最懂他所言非虛，他曾飽經挫折，但他始終相信自己，只要能上場，他就會付出 100% 的努力。

正如韋德所說：「世界上每個籃球迷都應該為羅斯感到高興！這就是一個永不言棄的例子，當你一直相信自己，美好的事情就會發生。羅斯得到 50 分，我太高興了，笑得像是自己得了 50 分一樣！恭喜羅斯！」

也正如詹姆斯所說的那樣：「他是 NBA 歷史上最年輕的 MVP，他一次次地和傷病做鬥爭，無論外界對他怎麼評價，他都努力重回賽場。很多人在說他的壞話，告訴他應該做什麼，不應該做什麼。他多麼喜歡打籃球，而這就是他想做的一切，即使超級英雄曾被擊倒，他仍然是一個超級英雄。德瑞克的表現是難以置信的，他用努力證明了自己依舊是一名超級英雄。」

花有重開日，人有再少年。經歷過風刀霜劍苦相逼的「風城玫瑰」終於再次綻放。

第三節　加盟活塞隊

新的開始

在羅斯砍下 50 分後不久，巴特勒與灰狼隊的鬧劇也正式宣告完結。灰狼隊與 76 人隊達成了交易，除了巴特勒外，76 人隊還得到了賈斯汀・巴頓（Justin Patton），灰狼隊則得到了傑

里‧貝勒斯（Jerryd Bayless）、羅伯特‧科溫頓（Robert Coving-ton）、達里奧‧沙里奇（Dario Šarić）和一個 2022 年的次輪籤。

　　羅斯在這個賽季一共出場 51 場比賽，其中先發 13 場。整個賽季羅斯的表現可圈可點，場均上場 27.3 分鐘，卻能拿到 18.0 分，2.7 個籃板，4.3 次助攻，他有 24 場得分 20+，其中還有 4 場 30+。可以說，在 2018 到 2019 賽季，羅斯是灰狼隊內表現最好的球員。

　　對於幫助自己重生的灰狼隊，羅斯充滿感激，哪怕在球隊解僱他的恩師錫伯杜之後，羅斯也曾公開表示過自己希望留在球隊的願望。

　　合約到期的羅斯再一次進入自由球員市場，憑藉著過去一年的出色表現，多支球隊都向他伸出橄欖枝。這一次，羅斯選擇了底特律活塞隊，兩年 1,500 萬美元。

　　時間倒退兩個賽季，沒有人看好羅斯能重新拿到千萬合約，但他透過自己的頑強不屈，證明了只要能讓他站在賽場之上，他就依然能成為球隊的中堅力量。

　　活塞隊對羅斯展露出了足夠的誠意與尊重，球隊高層表示：「雖然羅斯將出任雷吉‧傑克森的替補，當有需要時他也完全可以頂上先發，他完全有這個能力，他的正常發揮就能幫助到我們成長，幫助到隊內的年輕球員。」

正是這一份尊重，打動了羅斯。

來到活塞隊以後，羅斯迅速展現自己的經驗與擔當，在活塞隊遭遇傷病潮、主力控衛雷吉・傑克森因腰傷頻繁缺戰的情況下，羅斯挑起了整支球隊。

在 2018 到 2019 賽季表現出色的活塞隊三人組在這個賽季都遭遇了不同程度的不如意。格里芬再次接受左膝清創手術賽季報銷；卓蒙德（Andre Drummond）儘管籃板數據依然出色，但進攻端的乏力使得球隊痛下決心將其送至騎士隊，換回布蘭登・奈特、約翰・亨森（John Henson）和一個 2023 第二輪選秀權；而雷吉・傑克森的腰傷反覆使得球隊在 2 月選擇將他的合約買斷。

從替補到核心

兜兜轉轉間，羅斯成為球隊最值得信賴的球員。從整個賽季來看，由於傷病的原因，無人可用的活塞隊圍繞著羅斯布置了大量戰術，羅斯的出手權和戰術地位相比上賽季得到顯著的提升，是活塞隊內當之無愧的球隊領袖。

雖然場均出場時間只有 26.0 分鐘，但他場均能拿到 18.0 分，投籃命中率 49.0% 也是生涯最高，這還是在他三分球命中率只有 30.6% 的情況下達成的。

他的投籃出手大多集中在籃下和近距離這兩塊拿手區域。在活塞隊的這個賽季，他籃下場均出手 4.5 次命中 3.0 個球，籃下出手相比上賽季增加了 0.7%，籃下命中率來到生涯第二高的 67.0%，近距離場均出手相比上賽季增長 1.2 個，命中率則為生涯新高的 46.0%。

　　在防守端，羅斯場均可以貢獻 0.8 個抄截和 0.3 個阻攻，防守 WS 值（Win Shares，勝場貢獻值）也從 2018 到 2019 賽季的 0.3 提升到了 0.7。除此之外，場均 5.6 次助攻更是他從 2011 到 2012 賽季以來的新高，能攻能防還能串聯全隊，可以說，在活塞隊的這個賽季，羅斯打出自 2011 到 2012 賽季受傷以來的最佳表現。

　　儘管活塞隊最終只拿到 20 勝 46 負，但所有人都清楚地意識到，那個最年輕的 MVP，他涅槃重生了。

　　無緣季後賽的活塞隊進入休賽期後動作不斷，選秀大會上他們先後選中基利安・海斯（Killian Hayes）、以賽亞・史都華（Isaiah Stewart）、薩迪克・貝（Saddiq Bey）和薩賓・李（Saben Lee）四名新秀，其中 7 號海斯更被看作球隊重建的核心。放棄續約上賽季發揮出色的克里斯蒂安・伍德（Christian Wood），給出三年 6,000 萬美元的大合約簽下鋒線搖擺人傑里米・格蘭特（Jerami Grant）。隨後他們又接連簽下梅森・普拉姆利（Mason Plumlee）、賈利爾・奧卡福（Jahlil Okafor）和喬許・傑克森

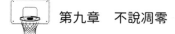

（Josh Jackson），參與三方交易得到雙能衛德朗‧萊特（Delon Wright）。

　　囤積大量內線球員的一系列操作讓媒體和球迷直呼看不懂，甚至還有其他球隊的高層匿名表示活塞隊休賽期的操作是全聯盟最爛。對於羅斯而言，這一切都已無所謂，能夠有穩定的出場時間開開心心地打球，他願意接受球隊的一切安排！

　　隨著 2020 到 2021 賽季大幕的拉開，活塞隊毫不意外地成為東部戰績最差的球隊之一。對於目標是徹底重建的活塞隊來說，合約即將到期的羅斯成為優質籌碼，而羅斯也憑藉過去兩個賽季的穩定表現贏得了多支爭冠球隊的興趣。

　　就在 2 月 8 日，關於羅斯的交易塵埃落定，為了補強薄弱的後衛線，尼克隊送出丹尼斯‧史密斯（Dennis Smith Jr.）和一個 2021 年的二輪選秀權，「玫瑰」重回紐約城！

　　在錫伯杜的調教下，尼克隊本賽季展現出了過去沒有的精神風貌，衝擊季後賽成為現實的目標。相比於加盟一支爭冠球隊，為了冠軍犧牲部分出場機會，羅斯選擇到昔日恩師錫伯杜麾下效力。在曾經戰鬥過的地方重新書寫自己的篇章。

▌第四節　逆境前行

　　32 歲的羅斯站在場邊，與他並肩的多是比他小上好幾歲的球員。他曾年少得意，「春風得意馬蹄疾，一日看盡長安花」就是對少年羅斯最好的形容。玫瑰又豈止是他的名字而已，當你看著他快速衝過半場，稍做停頓後更加猛烈地加速變向，最終張手命中時，就彷彿看到一朵豔紅的玫瑰在瞬間華美綻放。

　　少年成名的球員有許多，遭遇大傷後重新回到賽場上仍能打出精彩比賽的球員也很多。但在連續遭遇大傷後，仍能不屈不撓、保持積極心態，從底薪合約再度打回千萬合約的，卻只有羅斯一個。

　　這或許與他自小的生長環境、家人的愛護有關，哪怕球鞋合約與籃球合約都已有過億收入，他依然是當初那個沉默寡言、內向又害羞、內心柔軟的羅斯。他一直記得一路走來所收穫的滿滿愛意，也願意用自己的一切去回報。

　　生長於芝加哥的他被球迷們當作自家兄弟，芝加哥人說：「羅斯不僅僅是一名公牛隊球員，他就像我們每個人的堂兄弟一樣，他為這座城市打拼。我們都記得那些日子，一家人坐在電視機前看公牛隊的比賽，享受著羅斯打球帶來的單純而美妙的樂趣。」

羅斯用他在場上的傾其所有回報著球迷們對他無私的愛，那些在他巔峰期慕盛名而來的球迷，許多人並沒有在他谷底期離他而去，而是用更加真摯的愛來溫暖著他，鼓勵著他。

　　2017 年的亞洲行，當看到主辦單位為他展示的亞洲球迷錄製的影片時，羅斯潸然淚下，幾度哽咽。直到許久以後，在自己夢迴巔峰砍下 50 分之後，他還專門感謝了亞洲球迷：「感謝亞洲的朋友們。感謝大家對我的支持，尤其那些為我流淚的兄弟們。謝謝你們在我受傷期間給予我的愛，謝謝你們給我的支持，我會一直奮鬥，我不會讓你們失望的！」

　　球迷給予的愛讓羅斯深感寬慰，但他一直明白，自己所收穫的一切並不是理所當然。他看到過太多壯志未酬的年輕人，也看到過太多因傷病而隕落的天才。

　　這一路上他得到了無數的愛，也接受了無數的質疑。沒有人知道，從數次傷病中恢復再次走上球場時，他要面對怎樣的心理掙扎；也沒有人知道，在面對外界惋惜的口吻，說著玫瑰從此再無可能盛放、應該儘早退役時，他內心有多少不服。

　　但他依舊不善言辭，在騎士隊更衣室內亂鬧得沸沸揚揚之時、在灰狼隊看著吉米‧巴特勒公開指責唐斯與威金斯之時，他都沉默不語。他只想上場去，勤勤懇懇地打球，用自

己的努力去帶動身邊的人。無論在哪裡,他都是場上最令人安心的那一個。你知道在球隊最需要他的時候,他一定會站出來,無論是最後的絕殺,還是關鍵時刻的防守,他都一定不會讓你失望。

這就是羅斯,當你看到如今的他微笑面對過往的一切,轉身仍在場上努力打拚時,你總會心生感慨,恍然間仍能看到當初那個驕傲的少年,微笑著對你說:

「世界以痛吻我,我卻報之以歌。」

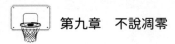 第九章　不說凋零

名場面　十大經典戰役

縱觀羅斯綿延十幾載的生涯，經典戰役無數，或是決勝時刻見血封喉，或是季後賽首秀驚豔爆發，或是大傷之後感天動地。這些戰役書寫的激動人心、熱血沸騰、豪邁壯闊，記載了羅斯生涯經典中的經典。每一場比賽對於羅斯的球迷來說，無不是恍如就在眼前。

頂級控衛宣言！霸氣碾壓 55 分先生

2011 年 3 月 27 日，公牛隊客場挑戰公鹿隊。此役羅斯面對的是得分能力彪悍的布蘭登・詹寧斯，後者在新秀賽就曾砍下 55 分。在這樣一場東部頂級控衛的對決中，羅斯再度彰顯了自己遇強則強的特點，全場比賽他拿到 30 分 17 次助攻，17 次助攻創造了羅斯的 NBA 生涯紀錄。

反觀得分能力極強的詹寧斯，卻在羅斯的嚴防死守之下徹底迷失，全場比賽詹寧斯 15 中 5，僅僅拿到 13 分 5 次助攻，對位中完全遭到羅斯的碾壓。

本場比賽關鍵的末節，羅斯一人貢獻了 10 分 4 次助攻，完全主導了公牛隊的進攻。率領球隊打出 26 ： 13 的懸殊比

分，實現了末節逆轉。這樣一場頂尖控衛的對決中，羅斯用數據和勝利全部帶走的表現，向世人宣告誰才是東部最強的控衛！

▌古典後衛表演！零罰球打出逆天效率

2020 年 2 月 29 日，德瑞克・羅斯率領活塞隊客場挑戰太陽隊，此役羅斯打出了一場代表性的「古典後衛表演」。

全場比賽羅斯沒有 1 次罰球，僅命中 1 記三分球，這樣的數據與這個效率至上的時代格格不入。但羅斯卻用自己穩定的中投和突破，全場 24 中 15，拿到 31 分 4 次助攻，如此效率、如此進攻方式，放眼如今的時代實屬罕見。

更為難能可貴的是，全場比賽羅斯末節一個人獨攬 13 分，活塞隊的最後兩次進攻異常關鍵，羅斯用兩次穩穩的強打命中，讓太陽隊逆轉的希望徹底破滅。

這就是羅斯 —— 大傷之後，他依舊在用自己熟悉的方式主宰比賽，關鍵時刻他依舊是擁有讓人望而生畏超級大心臟。面對聯盟新生代後場的代表德文・布克（Devin Booker），德瑞克・羅斯證明了昔日的 MVP 絕非浪得虛名，大傷和流浪難以磨滅他的殺手本色。

傷後浴火重生！季後賽雙延長暴走

2015 年 4 月 24 日，公牛隊在季後賽中再戰公鹿隊，此役兩隊打出了蕩氣迴腸的較量。全場比賽經歷雙加時方才分出勝負，公牛隊客場驚險取勝。對於羅斯而言同樣是一場極其重要的戰役，兩個月前剛從膝蓋重傷中歸來，兩個月後他便在季後賽中打出經典戰役。

全場比賽羅斯命中了 5 記三分球，23 投 12 中，高效拿到了 34 分 8 次助攻，關鍵的常規時間最後時刻，他的罰球幫助公牛隊將比賽拖入了延長。決定勝負的第二個延長，羅斯獨得 6 分，比公鹿隊全隊的 5 分還多。

這樣一場勝利，不僅幫助公牛隊取得 3：0 的領先，拿到賽點並基本鎖定晉級，更是一場宣告羅斯王者歸來的戰役。

儘管數次經歷傷病折磨，但羅斯依舊能夠在季後賽中出戰 48 分鐘、高效取分、關鍵時刻發揮作用，風城玫瑰未曾退場。

無懼東部霸主！轟 31 分死磕詹姆斯

2010 年 4 月 23 日，公牛隊在季後賽中迎戰騎士隊，0：2 落後的他們已經在出局邊緣，東部霸主詹姆斯的實力不言自明。然而二年級的羅斯並未輕言放棄，在這場輸球基

本宣告出局的比賽中，他與詹姆斯展開死磕，最終公牛隊險勝續命。

全場比賽詹姆斯的發揮不可謂不出色，他命中 4 記三分球，投籃命中率高達 53.8%，全場拿到了 39 分。然而年輕的羅斯毫無懼色，同樣打出了極高的水準。

全場比賽羅斯 26 投 13 中，以 50% 的命中率拿到了 31 分 7 次助攻，二年級便成為球隊的絕對領袖。

比賽的末節，落後的騎士隊展開了瘋狂的反撲，詹姆斯的球隊單節拿到了 38 分險些完成翻盤，羅斯成為捍衛公牛隊主場的重要人物。他在第四節獨得 11 分，屢屢貢獻關鍵得分，幫助公牛隊鎖定勝局。

這是羅斯第一次在季後賽中戰勝詹姆斯 —— 這位羅斯日後生涯的苦主，這樣一場比賽也給年輕的羅斯樹立了信心，為他之後不斷進步的征程打下了堅實的基礎。

▎MVP 正名之戰！季後賽 44 分創紀錄

2011 年羅斯拿下了當賽季的例行賽 MVP，成為 NBA 歷史上最年輕的 MVP。隨之而來的季後賽，每一場對於他而言都是挑戰。他成為對手的重點防守對象，他成為媒體聚光燈瞄準的對象。然而壓力對於羅斯來說早已稀鬆平常，正是這

樣的情況促使了他的大爆發。面對老鷹隊的系列賽第三場，羅斯的生涯紀錄應運而生。

2011 年 5 月 7 日，公牛隊迎戰老鷹隊展開雙方的第三場較量，此前的兩場比賽兩隊平分秋色。關鍵的第三戰，羅斯主宰了場上的一切。

全場比賽，羅斯 27 投 16 中、三分球 7 投 4 中，獨得 44 分 7 次助攻。要知道全場比賽公牛隊全隊不過拿到了 99 分，羅斯的得分占比之高讓人瞠目結舌。

這場季後賽，羅斯完全證明了自己 MVP 的能力，用一場華麗的個人得分表演，拿到了 NBA 生涯季後賽單場最高得分，也幫助公牛隊拿到了系列賽的關鍵勝利。此役之後，勝負的天平開始倒向公牛隊。

▋死磕衛冕冠軍！準大三元為公牛隊續命

這是羅斯生涯的首次季後賽之旅，公牛隊的對手是衛冕冠軍波士頓塞爾提克隊，1：2 落後的公牛隊幾乎陷入絕境，新秀羅斯爆發了！

2009 年 4 月 27 日，綠軍客場迎戰公牛隊，客隊 2：1 領先力爭賽點。比賽中他們也一度無比接近勝利，末節開始他們還領先 5 分。

羅斯開啟了捍衛主場的征程 —— 整個第四節他一個人貢獻了 13 分，幫助公牛隊單節淨勝 5 分將比賽拖入加時。隨後歷經兩個加時的鏖戰，羅斯幫助球隊拿到了勝利。

新秀羅斯全場貢獻了 23 分，11 個籃板，9 次助攻的「準大三元」，三項數據全部是全隊最高。面對衛冕冠軍，年輕的羅斯和公牛隊沒有輕言放棄，他們拒絕在主場將自己送入絕境。羅斯的季後賽生涯中，沒有收穫過大三元，此役的準大三元表現，是他季後賽生涯中最全能的一場比賽。

▍威震北岸花園！季後賽首秀大爆發

2009 年 4 月 19 日，對於羅斯而言是特別值得銘記的日子。當時他迎來了生涯季後賽首秀，對手是強大的衛冕冠軍波士頓塞爾提克隊，場地是被稱作「魔鬼主場」的北岸花園球館。年輕的羅斯用初生之犢不畏虎的華麗演出，宣告了又一個巨星的降臨。

全場比賽，面對強大的對手，羅斯出戰了 50 分鐘，投出了 19 投 12 中的超高效率，貢獻了 36 分 11 次助攻的驚豔數據。這是羅斯的季後賽生涯首秀，他用一場近乎瘋狂的表演震驚 NBA 聯盟、震驚全美。

本場比賽的下半場羅斯獨得 23 分，在一場比分不算太高

的鏖戰中，他一人製造了全隊一半左右的得分。正是憑藉他的逆天首秀發揮，公牛隊以 2 分險勝波士頓塞爾提克隊，讓衛冕冠軍的季後賽征程遭遇當頭一棒。

▍重新整理生涯紀錄！今夜羅斯超越喬丹

麥可喬丹被稱作籃球之神，但這位「神」也有難以征服的球隊 —— 喬丹生涯 4 次面對聖安東尼奧馬刺隊轟下 40 分以上得分，這 4 場比賽無一例外全部輸球。籃球之神窮極生涯未能做到的成就，羅斯卻做到了。

2011 年 2 月 18 日，羅斯率領公牛隊挑戰當時的聯盟第一馬刺隊。全場比賽羅斯打出了幾乎完美的發揮 —— 儘管在三分線外毫無建樹，但他全場 28 投 18 中，用一次次中投和突破，撕裂了波波維奇（Gregg Popovich）傾心打造的防線。

四節戰罷羅斯貢獻了 42 分 8 次助攻，幫助公牛隊擊敗了當時 46 勝 9 負的馬刺隊，送給了對手賽季第 10 場失利。他也成為公牛隊最近 25 年唯一一位，對陣馬刺隊的比賽中拿到 40 分以上得分並取得勝利的球員。

▋淡定三分絕殺！風城玫瑰氣走詹姆斯、厄文

2015 年 5 月 9 日，公牛隊主場迎戰騎士隊，雙方展開系列賽第三場的爭奪。當時與羅斯隔場而立的是詹姆斯和厄文的組合，公牛隊和騎士隊展開了關鍵戰的搏鬥。

比賽的程序足以證明雙方的求勝欲以及此役的重要性 —— 雙方一直打得難分難解，比分犬牙交錯，羅斯的球隊帶著 1 分的優勢進入末節。隨後雙方展開了更為激烈的爭奪，終場前 11 秒 J.R. 史密斯（騎士隊前後衛）命中三分，讓雙方比分來到了 96 平。

決定比賽勝負的最後一投，羅斯站了出來。他面對特里斯坦‧湯普森（騎士隊前中鋒）的撲防，果斷地送上三分跳投，球空心入網，羅斯完成絕殺！

在那個飽受傷病困擾的賽季，羅斯再度證明自己的關鍵球能力，天生殺手的大心臟在當時彰顯無疑。全場羅斯貢獻了 30 分，7 個籃板，7 次助攻，與老對手勒布朗‧詹姆斯聯袂上演一場經典戰。絕殺之後面對瘋狂慶祝的隊友，羅斯的表情略顯淡定。飽經風霜的冷血戰神，在那一刻確實特別酷。

玫瑰永不凋零！50 分之夜感天動地

2018 年 11 月 1 日，對於羅斯、NBA 聯盟甚至整個籃球世界，都是值得銘記的一天。那天的故事講述了昔日天才飽受傷病摧殘，卻拒絕向命運低頭，在生涯巔峰已過之時打出生涯最耀眼表現的不朽篇章。

羅斯在灰狼隊的主場拿到了 50 分，全場比賽 31 投 19 中，另外還貢獻了 6 次助攻 4 個籃板。這是羅斯生涯的傳奇之夜，比賽結束之後他在賽場中心，接受數萬球迷的膜拜，眼含熱淚地為自己的生涯之夜致辭。

比賽的最後一節，羅斯幾乎以一己之力對抗騎士隊全隊，單節拿到 15 分，不斷用中投和突破取分，直至面對最佳防守球員魯迪‧戈貝爾打中致勝上籃，完成了傳奇夜晚的最後傑作。

他是曾經的 MVP，但傷病卻狠狠地「照顧」了他，四次大手術幾乎讓他失去了爆發力，曾經白馬銀槍的飛揚少年，如今已是飽經滄桑的「流浪漢」。然而羅斯的夢想還在，那個曾經主宰芝加哥的意氣風發的 MVP 未曾離開，身體固然已經不及當年之勇，但追逐夢想的勇氣和決心並沒有消退。時隔 8 年再創生涯紀錄，這樣的故事熱血又美好。

名場面　十大經典戰役 ————————————

夢之隊　奧運成永遠遺憾

　　縱觀羅斯的 NBA 生涯，遺憾和惋惜成為繞不過的詞語。史上最年輕 MVP 毀於傷病，未到巔峰卻無奈隕落。實際上不僅是 NBA 生涯，羅斯的國家隊生涯同樣充滿遺憾。2012 年和 2016 年的兩次奧運，他都因為傷病遺憾無緣。巔峰期未能成為奧運夢之隊的成員，羅斯的兩個世錦賽冠軍只能是聊以慰藉。

　　2012 年美國夢之隊眾星雲集，卻不見羅斯的身影。當時的他剛剛成為最年輕 MVP 不久，勢頭正盛，本該是在倫敦大放異彩的絕佳機會，但傷病卻阻止了這一切。

　　對陣 76 人隊的重傷，不僅改變了系列賽的走勢，更是讓他只能長時間的休戰。當時距離奧運開幕已經只有寥寥數月，羅斯也遺憾地錯過了巔峰期征戰奧運的機會。

　　最終那屆美國隊在決賽中激戰西班牙，力克對手之後取得了連冠。那時的羅斯只能在電視機前看著科比、詹姆斯捧杯，遺憾和苦悶不言自明。

　　又是一個 4 年的週期，2016 年里約奧運時，因為頻繁的傷病，羅斯早已不是美國隊的一線後場，競爭美國國家隊

的奧運席位本就困難。雪上加霜的是，那個賽季他又經歷了膝蓋和半月板的傷勢，在自己巔峰的尾巴，他又一次錯過了奧運。

羅斯的國家隊生涯，僅有的兩次慰藉就是 2010 年和 2014 年的世錦賽，當時他兩次隨隊拿到了冠軍。特別是 2010 年的世錦賽，當時的羅斯已經是聯盟的頂級控衛，也成為美國國家隊的先發。

在星光熠熠的美國隊內，他 9 次登場全部是先發的身分，場均上場時間達到 23 分鐘，可謂是絕對主力。場均能夠拿到 7.2 分和 3.2 次助攻。2014 年重傷後的羅斯再度成為夢之隊的人選，並最終幫助球隊拿到了 2014 年世錦賽的冠軍。

縱觀羅斯生涯巔峰那幾年，聯盟中的超級後場同樣不少，諸如穩定的克里斯·保羅、同為狀元的約翰·沃爾、球風極其吸引人的凱里·厄文。從 2010 年的世錦賽競爭來看，巔峰羅斯可謂毫不落下風。

可惜的是，無數次的傷病摧毀了他的天賦。在頂級天賦雲集的美國夢之隊，羅斯逐漸失去了自己的位置，兩度無緣奧運也是其生涯最大的遺憾之一。

死對頭　生涯五大對手

　　2008 年成為 NBA 狀元郎，2011 年當選 MVP 創造 NBA 歷史，隨後生涯雖歷經傷病但仍時有精采表現，羅斯的 NBA 生涯足夠傳奇與勵志。縱觀羅斯成名的這個時代，同樣也是 NBA 眾星璀璨的時代，那些放眼歷史都燦如星辰的名字在這個時代不斷湧現，勒布朗‧詹姆斯、德維恩‧韋德、德懷特‧霍華德、克里斯‧保羅……羅斯生涯與這些歷史級別的巨星都有無數交集，他們也聯袂奉獻了數不勝數的經典畫面。

　　細數羅斯生涯的主要對手，上述名字斷然不可忽視，另外一個不能忘卻的名字叫做傷病 —— 生涯數次遭遇毀天滅地的重大傷病，讓羅斯的生涯未能達到預期的高度。在與這些傷病鬥爭的過程中，羅斯展現出的勇敢意志卻讓人頓生敬意。

▌德懷特‧霍華德 ——
▌MVP 競爭者　他成羅斯創紀錄背景板

　　2011 年 MVP 評選，羅斯力壓群雄創造歷史，一舉成為 NBA 聯盟最年輕的 MVP。當時他擊敗的並不是如日中天的

勒布朗‧詹姆斯，而是無比接近生涯首座 MVP 獎盃的德懷特‧
霍華德。這位魔術隊當家核心，最終的票選結果排名第二，
遺憾地錯過了生涯最佳的奪魁機會。

　　當時的霍華德在那個賽季場均貢獻 22.9 分，14.1 個籃
板，1.4 次抄截，2.4 次阻攻，單核率隊拿到 52 勝 30 負的戰
績，數據層面和戰績層面的表現都非常驚豔，但無奈的是他
遇到的是意氣風發的羅斯。

　　最終的票選中霍華德拿到了 643 分，位列第二，羅斯則
是以 1,182 分的壓倒性優勢榮膺例行賽 MVP。如今看來，當
時的 500 多分差距，成為霍華德生涯距離 MVP 最近的一次。
羅斯的橫空出世，讓霍華德 MVP 夢碎。

▌克里斯‧保羅 ——
▌第一控衛之爭　羅斯險將他拉下馬

　　克里斯‧保羅綿延十幾載的職業生涯，大部分時間都是
聯盟第一控衛的首選。他穩定、扎實、帶隊下線極高，一度
排在 MVP 評選的第二位。在奈許淡出之後、柯瑞爆發之前，
他是聯盟當之無愧的第一控衛，但羅斯曾經對他的位置產生
過巨大的威脅。

　　2011 年羅斯當選了 MVP，成為 NBA 歷史上最年輕的

MVP。這個 NBA 聯盟中最頂尖的個人榮譽，保羅從未曾染指，年輕的羅斯迅速做到了。從絕對的高度上來說，當時的羅斯已經超越了保羅，他的上限備受期待。

然而無情的傷病摧毀了羅斯前進的腳步，相較於羅斯驚鴻一瞥後的低估，保羅的生涯一直比較穩定。他長時間保持較高的出勤率，他的球隊一直都是西部頂尖的存在，他在休士頓火箭隊打破了西決的魔咒。

如果羅斯能夠保持健康，如果他不在對陣 76 人隊的比賽中遭遇重傷，如果他的生涯能按照理想的軌跡發展，羅斯和保羅的第一控衛之爭，後者恐怕很難壓制玫瑰。

┃ 德韋恩・韋德 ──
傷病打不倒的勇者　閃電俠比羅斯更幸運

德韋恩・韋德與羅斯的生涯交集，主要是前者的熱火隊三巨頭時期，曾在季後賽中淘汰了羅斯率領的公牛隊。除了那次季後賽的交鋒，韋德處於碾壓之勢之外，雙方在例行賽的交手戰績非常接近。

韋德和羅斯例行賽總計交手了 26 次，韋德取得了 15 勝11 負的戰績，略微處在上風。場均得分層面，韋德也以場均22.8 分略高於場均 18.1 分的羅斯。

死對頭　生涯五大對手 ──────────

　　這兩人曾經無數次被放在一起比較，無他，他們的早期生涯軌跡太過相似了 ── 羅斯狀元出身，加冕最年輕的MVP，個人榮譽層面一度笑傲聯盟；韋德早早成為熱火隊核心，三年級率隊拿到總冠軍並加冕 FMVP（NBA Finals Most Valuable Player award，NBA 總決賽最有價值球員），集體榮譽方面無出其右。直至三巨頭時期韋德與詹姆斯攜手，成功阻擊了羅斯，關鍵戰中韋德送給羅斯的大帽，更是成為決定比賽走勢的因素。

　　年少成名之後，韋德和羅斯都遭遇了相似的困境 ── 那便是傷病。相較於羅斯，韋德無疑更加幸運，儘管膝傷嚴重但未到嚴重影響生涯的地步，同時他聯手歐尼爾（Shaquille O'Neal）和詹姆斯，都實現了總冠軍的夢想。反觀羅斯，同樣是身體勁爆的後衛，傷病給他的璀璨要遠大於韋德，他的生涯高度也因此受到了巨大的影響。

▌勒布朗・詹姆斯 ──
▌三度阻擊羅斯　玫瑰生涯苦主

　　將勒布朗・詹姆斯定義為羅斯生涯的「苦主」毫不為過，在羅斯最為巔峰的歲月裡，詹姆斯同樣主宰著東部。縱觀羅斯的公牛隊生涯，曾經三次與詹姆斯的球隊在季後賽中狹路

相逢，最終的結果都是以失敗而告終。

三次季後賽交手，羅斯總雙贏了詹姆斯 4 場球，儘管這其中包含了蕩氣迴腸的三分絕殺勝利，但絕對的劣勢不可忽略。

不過雖然在球隊的競爭中輸給了詹姆斯，但羅斯在個人榮譽層面，贏下了與詹姆斯的「關鍵一戰」。後者生涯最為耀眼的個人榮譽，即 5 年 4 次奪得 MVP 的傳奇經歷，唯一一次未能如願登頂，便是拜羅斯所賜。羅斯在 2011 年橫空出世創 NBA 歷史，加冕最年輕的 MVP，也終結了詹姆斯在這個獎項上的統治。

▌無情傷病 ── 世界以痛吻玫瑰　他書寫勵志傳奇

回溯羅斯充滿遺憾的職業生涯，傷病是繞不開的話題。從對陣 76 人隊的系列賽膝蓋重傷為始，他的生涯就開始與傷病，尤其與毀天滅地的重大傷病做伴。

在如果的世界裡，羅斯的生涯是美好的。如果羅斯沒有受傷，這位最年輕 MVP 的上限不可估量。他有望率領公牛隊在東部掀翻詹姆斯的統治，他有望實現個人榮譽的豐收。畢竟當他拿到 NBA 聯盟至高無上的個人榮譽時，他是那麼

年輕，白馬銀槍意氣風發。

　　然而這所有的一切不過是在如果的世界裡而已，重大的傷病讓羅斯再也回不去生涯的巔峰，幾經輾轉開始流浪，昔日的 MVP 早已成為眾星雲集聯盟中的配角。

　　然而羅斯的傳奇就在於，他承受住了這一切。從天之驕子到無人問津，從人生巔峰到生涯谷底，這些足以摧毀心理防線的重大變故，卻並沒有打倒羅斯。一次次地受傷一次次地站起來，一次次地被遺忘一次次地重回聚光燈下。這世上或許再無 MVP 賽季的羅斯，但那個 MVP 羅斯卻一直都在。

聚義廳　生涯五大拍檔

　　羅斯的 NBA 生涯飽經風霜，被傷病摧殘得七零八落，但這位昔日 MVP 卻足夠勇敢，不斷挑戰命運。他的生涯始於璀璨的芝加哥，隨後前往紐約城、克里夫蘭、明尼蘇達、底特律，在這些球隊中，羅斯遇到了一些與之並肩作戰的搭檔。

　　縱觀他的生涯，最大的遺憾莫過於巔峰期太過短暫，未能聯手超級巨星衝擊總冠軍。短暫的搭檔勒布朗・詹姆斯、卡梅羅・安東尼時，他自己巔峰已過。

▍喬金・諾亞 ── 公牛隊內線守護神

　　2007 年喬金・諾亞便加盟公牛隊，當時他作為一名樂透選秀，逐漸成為球隊的重要輪換。隨著羅斯的加盟，這兩位年齡相仿的內外組合，逐漸扛起了公牛隊全隊。

　　2010 到 2011 賽季，即公牛隊取得後喬丹時代最佳戰績的賽季，他入選了最佳防守第二陣容，隨後他更是不斷進步，成為聯盟頂級的內線。2012 到 2013 賽季、2013 到 2014 賽季，他連續入選最佳防守陣容一隊，同時他還在 2013 到 2014 賽季當選最佳防守球員。

當時公牛隊逐漸成為東部的頂級強隊，與羅斯的強勢崛起有很大的關係，但諾亞的持續進步同樣是不可忽視的因素。這位內線從籍籍無名成長為公牛隊的內線守護神，攜手羅斯一次次地締造隊史後喬丹時代的紀錄，他無數次用自己的熱情點燃芝加哥聯合中心體育館，也成為羅斯生涯巔峰階段最強悍的搭檔。兩人也一同在 2016 年被交易至尼克隊，在紐約繼續並肩作戰。

▎勒布朗・詹姆斯 —— 混亂之中遺憾告別

作為羅斯的昔日死敵，詹姆斯曾經數次在季後賽中阻擊羅斯和他的公牛隊。2017 到 2018 賽季他們卻意外地聯手了，當時的羅斯加盟了騎士隊。

可惜的是，那支騎士隊充斥著混亂，儘管他們最終殺入了總決賽，但其中歷經的波折不可想像。賽季中期，羅斯離開了球隊、小湯瑪斯與球隊爆出內訌，韋德被騎士隊送走。羅斯僅僅在騎士隊出戰了 16 場比賽，與詹姆斯的狀元組合也如同白駒過隙。

實際上那個賽季可以說是羅斯生涯最大的遺憾之一了 —— 若是沒有場外因素的干擾，他極有可能在騎士隊迎來自己生涯的第一次總決賽之旅。

▌吉米・巴特勒 —— 兩度聯手貫穿生涯

吉米・巴特勒與羅斯，可謂命運交織在一起的兩個人。初到芝加哥的巴特勒，不過是一名首輪末段、天賦有限的球員。羅斯巔峰之時，他也不過是公牛隊培養的一名藍領新星。

然而憑藉超乎常人的努力，巴特勒不斷提升，從籍籍無名的小輩，成為公牛隊的棟梁。甚至羅斯最終離開公牛隊，也與他的迅速成長有很大的關係。後羅斯時代，公牛隊迎來的新領袖便是巴特勒。

然而巴特勒並沒有在芝加哥取得想要的成績、薪水、地位等等，最終他被送到了明尼蘇達，羅斯隨後也加盟了灰狼隊，兩人再度聯手，還曾攜手征戰季後賽。

從風城到明城，兩人的境遇卻發生了翻天覆地的變化。羅斯從天之驕子成為流浪漢，巴特勒從球隊小將變成了狼隊領袖。命運就這樣無情地反轉，貫穿羅斯生涯的這個隊友，也在訴說著他經歷了多少的波瀾與挫折。

▌洛爾・鄧 —— 見證玫瑰巔峰

羅爾・丹恩可謂公牛隊的「老臣」，2004 到 2005 賽季他便開始為這支球隊效力，作為 2004 年的第 7 順位，丹恩一直

保持著場均兩位數的穩定輸出。

當羅斯來到這支球隊之後，羅爾·丹恩可謂見證他的成長，直至他邁向巔峰。同時，他也在羅斯的帶動之下不斷提升和進步，成為公牛隊的中流砥柱。

2010 到 2011 賽季，羅爾·丹恩場均貢獻 17.4 分，打出了生涯最佳賽季之一。在那個公牛隊成為聯盟最頂級球隊的賽季裡，除了 MVP 羅斯的貢獻，羅爾·丹恩、諾亞的進步、穩定同樣是功不可沒。

█ 卡梅羅·安東尼 ── 短暫聯手大業未成

2016 年休賽期，羅斯被交易到尼克隊聯手安東尼，紐約人期盼已久的巨星與巨星的聯手，卻未能換回想要的結果。當時的羅斯巔峰已過，安東尼的境遇相似，兩人並未能幫助尼克隊擺脫魚腩的角色。

那個賽季，安東尼、羅斯以及年輕的波爾辛吉斯（Kristaps Porzingis），成為球隊的領軍人物，羅斯場均還能貢獻 18.0 分，安東尼也有 22.4 分入帳。但可惜的是，這樣的組合並不足以支撐他們取得好成績。星光熠熠備受期待的組合，最終僅取得了 31 勝 51 負的戰績，排名東部倒數第四，略顯尷尬。

這個賽季之後，羅斯便與安東尼分道揚鑣，兩名生涯巔峰之後都有些鬱鬱不得志的球星，並未能形成讓人期待的化學反應。

聚義廳　生涯五大拍檔 ————————————————————

師生情　與錫伯杜的情誼

　　湯姆‧錫伯杜和德瑞克‧羅斯的名字，總是被人連繫在一起 —— 羅斯巔峰的賽季，正是錫伯杜執掌公牛隊之時。當時師徒二人風光一時無兩，菜鳥教練錫伯杜成為聯盟最佳教練，率領公牛隊打出後喬丹時代的最佳戰績；潛力新人羅斯一躍成為聯盟超巨，擊敗霍華德和詹姆斯，成為最年輕的MVP。

　　然而風光之後的落寞同樣讓人心疼，錫伯杜對於球員近乎偏執的要求，對於主力球員近乎瘋狂的使用，也被視作羅斯重傷的最重要原因。沒有錫伯杜，也許就沒有最年輕的MVP。沒有錫伯杜，也有可能就沒有迅速隕落的MVP。兩人之間剪不斷理還亂的關係，貫穿了羅斯的生涯。有些巧合的是，羅斯重傷之後的又一個巔峰同樣來自錫伯杜 —— 在那個顛沛流離的賽季裡，灰狼隊成為羅斯的歸宿，當時他們的教練正是錫伯杜。

　　作為曾經的火箭隊助教，錫伯杜因為指導姚明而被亞洲球迷熟知。2010 到 2011 賽季，錫伯杜第一次成為 NBA 總教練，當時他接手了公牛隊。這位以防守見長的教練，迅速打造了一支鐵軍，讓昔日東部第八的公牛隊，殺到了東部第一。

師生情　與錫伯杜的情誼 ────────────

　　正是得益於後喬丹時代的首個 60 勝，錫伯杜和羅斯在個人榮譽層面可謂收穫得盆滿缽滿。羅斯入選了一隊和全明星，並成為最年輕的 MVP，錫伯杜則是成為當賽季的最佳教頭。這對組合看上去無限美好，但危機同樣存在。

　　錫伯杜和傑夫·范甘迪（Jeff Van Gundy）曾經在火箭隊搭檔，後者作為教頭就是以防守著稱。他對於球員的使用非常固執，主力球員會長時間地留在場上。他對於防守的要求幾乎偏執，訓練中的跑位精細到場上需要貼滿膠布來明確位置。錫伯杜的風格，與范甘迪極其相似。

　　當時的公牛隊之所以能成為防守鐵軍，就來源於艱苦的訓練、嚴格的體系以及主力球員長時間的上場，即便是在垃圾時間，錫伯杜的要求同樣不會放鬆。羅斯也正是在這樣的要求之下，遭遇重傷。

　　很難說錫伯杜的鐵腕治軍，就是羅斯重傷的原因，但兩者之間的連繫不言自明。羅斯在錫伯杜成熟的體系之下完成蛻變，從球星邁向了聯盟頂級超級巨星的行列。然而他的傷病同樣集中在這個階段，連續的重傷讓他的巔峰好似流星短暫卻又燦爛。

　　實際上，羅斯第一次重傷之後經歷了漫長的恢復還是回來了，當時他在錫伯杜手下還是打出了一些回升的表現。可惜的是公牛隊換教練之後，新教練霍伊博格逐漸將自己的信

任轉移給了巴特勒，也促成了羅斯的離開。

羅斯和錫伯杜的緣分也沒有止於公牛隊，兩人又在灰狼隊重聚，羅斯打出生涯巔峰之戰、拿到 50 分感天動地的夜晚，坐在替補席的就是他的恩師錫伯杜。當時錫伯杜也動情地表示：「他（羅斯）經歷了很多逆境，他也許是我見過心理上最堅強的人。他很有遠見，他知道每個地方會發生什麼，他也知道是誰在努力，清楚誰在說著什麼，我一直都想相信他。」

羅斯對此回應道：「聽到他說這些，這意味著很多。就是這樣一個相同的人，在我第三年拿到例行賽 MVP 的時候，他都沒有讚賞我。我會珍惜這樣的時刻，因為我知道他是什麼樣的人。」

羅斯的這番回應，足以見得錫伯杜的嚴格。正是這樣鐵腕治軍的作風，才打造出了那支巔峰的公牛隊，巔峰羅斯也應運而生。儘管羅斯頻繁的傷病讓錫伯杜飽受質疑，但縱觀羅斯的生涯以及兩次與錫伯杜聯手的表現，這位教練對於羅斯的幫助和提升不言而喻。

電子書購買

爽讀 APP

國家圖書館出版品預行編目資料

飆風玫瑰 —— 德瑞克‧羅斯傳：來自芝加哥的
籃球明星，一段不向命運低頭的籃球傳奇 / 管
超 著 . -- 第一版 . -- 臺北市：崧燁文化事業有限
公司 , 2024.06
面；　公分
POD 版
ISBN 978-626-394-324-7(平裝)
1.CST: 羅 斯 (Rose, Derrick) 2.CST: 運 動 員
3.CST: 職業籃球 4.CST: 傳記 5.CST: 美國
785.28　　113006642

飆風玫瑰 —— 德瑞克‧羅斯傳：來自芝加哥的籃球明星，一段不向命運低頭的籃球傳奇

臉書

作　　　者：管超
發 行 人：黃振庭
出 版 者：崧燁文化事業有限公司
發 行 者：崧燁文化事業有限公司
E - m a i l：sonbookservice@gmail.com
粉 絲 頁：https://www.facebook.com/sonbookss/
網　　　址：https://sonbook.net/
地　　　址：台北市中正區重慶南路一段 61 號 8 樓
8F., No.61, Sec. 1, Chongqing S. Rd., Zhongzheng Dist., Taipei City 100, Taiwan
電　　　話：(02) 2370-3310　　　傳　　真：(02) 2388-1990
印　　　刷：京峯數位服務有限公司
律 師 顧 問：廣華律師事務所 張珮琦律師

-版 權 聲 明

定　　　價：299 元
發 行 日 期：2024 年 06 月第一版
◎本書以 POD 印製
Design Assets from Freepik.com